FALTOU XÍCARA EM BAGDÁ

ORPHEU CAIROLLI

FALTOU XÍCARA EM BAGDÁ

Competências essenciais para negociar e vender bem

EDITORA DE CULTURA

Direitos desta edição reservados a
EDITORA DE CULTURA
Rua José de Magalhães, 28
04026-090 - São Paulo - SP
Fone: (11) 5549-3660
Fax: (11) 5549-9233

sac@editoradecultura.com.br
www.editoradecultura.com.br

Primeira edição: Outubro de 2006
Impressão: 5ª 4ª 3ª 2ª 1ª
Ano: 10 09 08 07 06

Dados Internacionais de Catalogação na Publicação (CIP)
(Câmara Brasileira do Livro, SP, Brasil)

Cairolli, Orpheu , 1934-
Faltou xícara em Bagdá - Competências essenciais para negociar e vender bem . - - São Paulo : Editora de Cultura, 2006 - - (Coleção Gestão & Pessoas)
168 p. : 16 x 23 cm

ISBN : 85-293-010x-x

1. Administração de empresas ; 2. Gestão de pessoas ; 3. Tomada de decisões ; 4. Estratégias de negócios ; 5. Teoria geral da administração . I. Título. II. Série

xx-yyyy CDD-xyz.zy

Índices para catálogo sistemático:
1. Administração de empresas ; Gestão de pessoas: Teoria geral da administração: xyz.zy

Ao meu amigo de sempre

Plínio Pimentel Romitto Júnior

(in memoriam)

Com quem dividi as variações de humores do pioneirismo, das inovações, das experiências e da quebra de paradigmas, além da compreensão, do estímulo e do espírito de aliança.

O hábito, meu amigo, é tão-somente uma longa prática
que por fim faz-se natureza.

Eveno

apud Aristóteles, *Ética a Nicômaco*, livro VII, 10 [30]

SUMÁRIO

APRESENTAÇÃO

Este livro é resultado de um projeto técnico profissional.

Através de seus conceitos, ele se refere ao conjunto das minhas próprias experiências pessoais e profissionais e também as experiências que me foram transmitidas por profissionais e amigos com os quais me relacionei ao longo de minha vida.

Há algum tempo, entretanto, mais precisamente no início de 1998, surgiu uma oportunidade para que eu realizasse um projeto de consultoria com ênfase comercial que tinha a missão de aglutinar uma ampla diversidade de conceitos – tanto pelo perfil dos profissionais envolvidos quanto pela sua distribuição geográfica – e consolidá-los em uma recomendação de prática profissional arrojada, inovadora e comprometida com resultados. Tratava-se do "Projeto de Excelência Comercial" que foi desenvolvido e implantado em Associações Regionais da Rede Wizard de escolas de idiomas no Rio de Janeiro, Rio Grande do Sul, São Paulo e Região Norte e Nordeste do Brasil. Esse projeto envolveu cerca de 100 escolas com 2.000 professores e 30.000 alunos e seus fundamentos foram reaplicados em algumas outras oportunidades, para diversas empresas.

Pouco mais de um ano depois, a Sodexho Pass do Brasil contratou minha empresa, a ECM, para uma consultoria visando o desenvolvimento de seus talentos comerciais. Para atendê-la, a idéia original da "Excelência Comercial" foi revisada, depurada e reforçada em seus princípios, particularmente no que diz respeito à amplitude de visão e à diversidade de talentos e culturas. Esse novo projeto foi então batizado de "Projeto Essence" e, após testado, aplicado e estendido para os países sul-americanos de língua espanhola, trouxe resultados importantes para o cliente e prêmios para a consultoria.

Seguindo a destacada vocação desses projetos para avaliar e desenvolver competências profissionais, técnicas e comportamentais, principalmente nas áreas de relacionamento intenso, todo o material criado para os programas de treinamento foi revisado, organizado e consolidado, para uma melhoria significativa no desempenho e nos resultados de sua aplicação. Mais ainda, ao material original foi agregado um estudo de caso, baseado em fatos reais, que exemplifica os conceitos expressos através de dois personagens: um bem-sucedido vendedor de xícaras que sonhava viajar para Bagdá e um desastrado negociador político que colecionou grandes perdas na guerra do Iraque. São histórias autênticas, que acompanhei, observei e analisei pessoalmente, mas que receberam algumas adaptações para proteger a verdadeira identidade de seus personagens.

Com essas credenciais, nasce, então, o livro *Faltou xícara em Bagdá*, um programa de análise de estilos pessoais e perfis de comportamento, de apoio ao autodesenvolvimento e ao desenvolvimento das competências essenciais para negociar e vender bem.

INTRODUÇÃO

Os temas centrais deste trabalho, negociação e venda, já foram e ainda poderão ser abordados de muitas maneiras, por exemplo, qualificando a atividade: negociação política, negociação trabalhista, venda de bens industriais, venda de serviços, entre outras. Outro exemplo é o da abordagem processual, que analisa separadamente cada operação desses processos em uma ordem seqüencial lógica. Neste livro, entretanto, os temas serão tratados do ponto de vista da **COMPETÊNCIA PESSOAL** dos envolvidos no processo: negociadores e vendedores. Entenda-se competência como a capacidade de mobilizar recursos cognitivos e habilidades pessoais para enfrentar, apreciar e resolver assuntos específicos; aptidão.

Para a escolha das competências que deveriam ser priorizadas, foram analisados diversos projetos de gestão por competências e realizada uma pesquisa em que empresários, executivos e profissionais de negociação e venda definiram o perfil do melhor vendedor que conheciam citando suas principais qualidades. O resultado da pesquisa foi o seguinte (por ordem de classificação):

Principais qualidades do bom vendedor

1. Persistente, firme, determinado;
2. Líder, carismático, motivador, persuasivo;
3. Conhecedor, curioso;
4. Comunicativo, simpático, bem-humorado;
5. Atencioso, amável, educado;
6. Gosta do que faz;
7. Seguro;
8. Ousado, audacioso;
9. Dinâmico;
10. Claro, objetivo;
11. Comprometido, disponível, parceiro;
12. Honesto, confiável;
13. Paciente, bom ouvinte;
14. Bem planejado, organizado;
15. Inteligente;
16. Flexível;
17. Empreendedor;
18. Oportuno;
19. Humilde;
20. Criativo;
21. Profissional de visão;
22. Responsável;
23. Desprendido;
24. Bem-apresentado;
25. Compreensivo, aceita a diversidade.

Com a interpretação e a depuração desses itens, foram eleitas as dez competências mais abrangentes e mais utilizadas em diversos segmentos empresariais e institucionais, a saber:

As dez práticas essenciais

1. Pesquisa
2. Planejamento
3. Organização
4. Comunicação
5. Confiança
6. Equilíbrio
7. Liderança situacional
8. Parceria e trabalho em equipe
9. Flexibilidade e gestão de mudanças
10. Autodesenvolvimento

Essas competências serão estudadas na terceira parte deste livro como "As dez práticas essenciais" dos processos de negociação e venda.

Por outro lado, observa-se que nenhuma dessas práticas ou competências, sozinha ou em conjunto com outras, poderia assegurar o sucesso nas atividades de negociação e venda se não houvesse um significativo lastro de conhecimento sobre o qual estivessem assentadas. Surge, então, uma nova questão: "Em que áreas e em quais dimensões o conhecimento de negociadores e vendedores deveria ser desenvolvido e aprofundado para a obtenção de êxito em suas atividades?" Concluiu-se que o conhecimento deveria ser amplo e profundo, desde que focalizado no processo e em seus componentes. Por isso, optou-se por classificá-lo em três dimensões que compõem a segunda parte deste livro e estão representadas na figura 1:

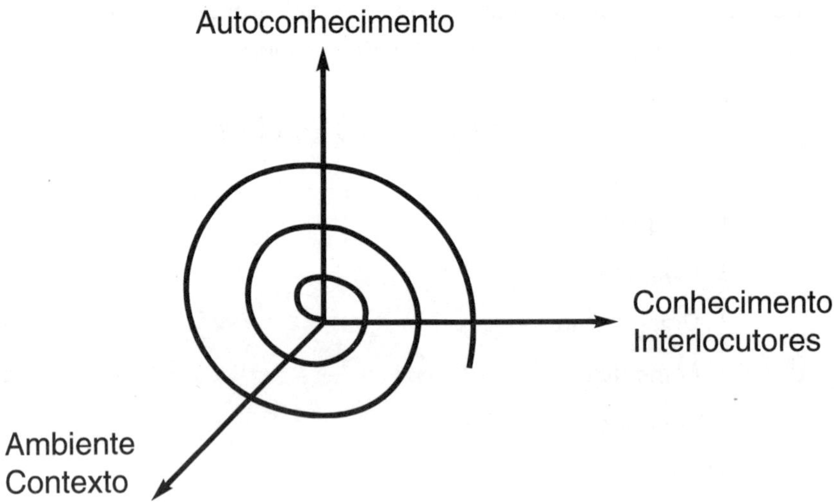

Fig. 1 – As três dimensões do conhecimento

Vale explicar a espiral junto aos eixos que representam as três dimensões. Sua presença é representação da grande influência que uma dimensão exerce sobre a outra através de constantes estímulos. O negociador ou vendedor parte para o processo com um determinado nível de autoconhecimento que, sem dúvida, será acrescido de novas informações na medida em que ele vive uma experiência com seus interlocutores e com o ambiente ao qual pertencem. Da mesma forma, mudanças esperadas ou não no ambiente trarão uma nova experiência às partes que poderão agregar ainda mais informações ao seu conhecimento pessoal. Em outras palavras, quanto mais se vive o processo, mais se desenvolve e se aprofunda o conhecimento de cada um sobre si, sobre os demais e sobre o ambiente.

Para o entendimento de toda essa mecânica, foi considerada a necessidade de registro e esclarecimento de conceitos que representam as premissas fundamentais do trabalho e o permeiam o tempo todo. Por isso, na primeira parte do livro são definidos:

1. Negociação
2. Venda
3. Conhecimento
4. Comportamento
5. Cultura
6. Moral e Ética

Como se pode observar até agora nesta introdução as partes foram apresentadas em ordem inversa para melhor entendimento das demandas e da interligação entre elas. Existe, entretanto, uma quarta parte: "Inferências" que são as conclusões de todo o trabalho, apresentadas em dois itens:

1. Perfil do melhor negociador/vendedor
2. Bibliografia consultada e sugerida

Outro componente importante que serve para auxiliar na reflexão, exemplificação, compreensão e aplicação prática dos conceitos é o ESTUDO DE CASO apresentado na seqüência desta introdução e que dá nome ao livro. Para isso se recomenda que ele seja consultado, relembrado, questionado e debatido durante toda a leitura.

Na próxima página, é apresentado um fluxograma de todo o livro em ordem direta.

FLUXOGRAMA

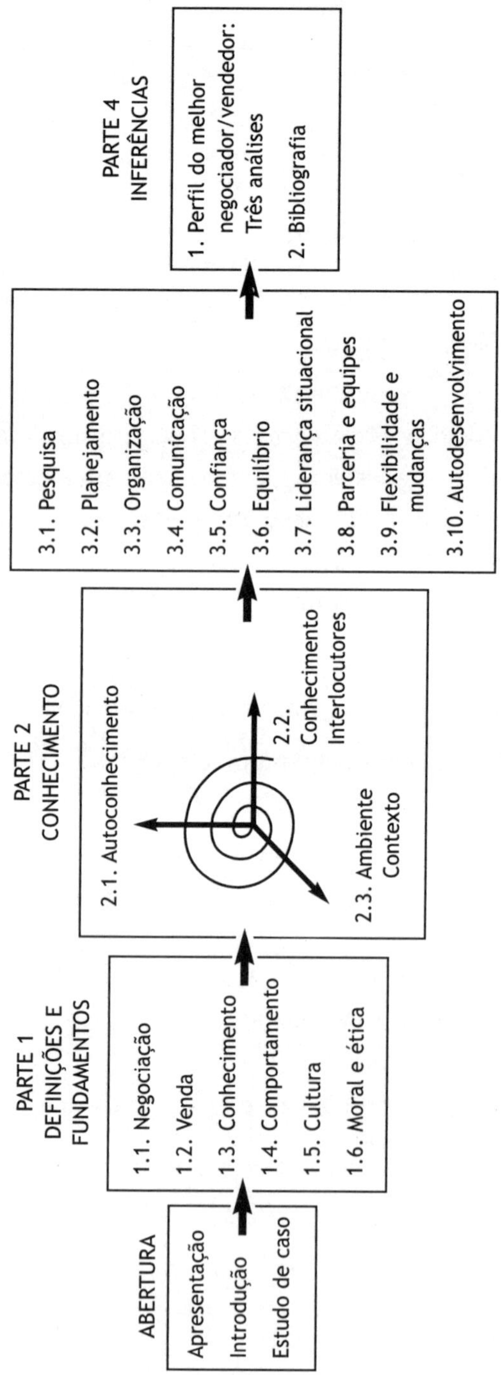

FIG. 2

ESTUDO DE CASO

Faltou xícara em Bagdá

Parte 1: Xícaras

Pela terceira vez, a espera ultrapassava os quarenta minutos e parecia que, mais uma vez, Gustavo nao seria atendido. Nos intervalos de sua vigília, seu pensamento oscilava como um pêndulo entre sonhos e decepções. O que seria desta vez? Por via das dúvidas, era melhor esperar um pouco mais, embora sem muita esperança...

Gustavo era um jovem vendedor de xícaras e outros artigos de porcelana para restaurantes e, há tempos, vinha tentando fornecer material de reposição para o refeitório de um grande laboratório farmacêutico, cujo comprador era de difícil acesso e, não raramente, deixava de atender a alguns vendedores. Enquanto esperava, Gustavo revisava diversas vezes os seus planos para uma viagem a Bagdá, onde esperava conferir as curiosas histórias de "mil e uma noites" que seu tio lhe contava quando era criança. Às vezes, seu olhar cruzava com o da recepcionista que, compadecida, tentava dar explicações contemporizadoras.

De repente, através de uma porta lateral interna da recepção, que ele ainda não havia notado, surge um casal elegante portando uma gigantesca pasta. "Que poderia ser aquilo?", perguntou-se.

Quando o casal saiu, buscou explicação com a recepcionista que, a esta altura, já havia se tornado sua amiga. "É o pessoal da agência de propaganda que estava com o diretor de marketing apresentando uma campanha publicitária para o lançamento de um novo produto", explicou ela. Impressionado, Gustavo pensou: "Um dia ainda poderei ser um vendedor de campanhas publicitárias". No mesmo momento lhe ocorreu: "Por que não agora?". E começou praticamente a interrogar a recepcionista sobre tudo o que lhe ocorria na mente:

- Qual era o produto?
- Para que tipo de doença e paciente?
- Quem tomava as decisões?
- Para quando era o lançamento?
- Para quem era dirigida a campanha?

Refletindo um pouco sobre as informações que recebeu, lançou sua sorte: "Será que você poderia conseguir para mim uma entrevista com esse diretor de marketing?". "Acho que sim", respondeu ela. "Cá entre nós, ele é muito mais acessível do que o comprador. Eu posso tentar falar com ele agora. Interessa?". "Claro que sim!", respondeu Gustavo, mas em seguida ficou preocupado, pois nem imaginava o que dizer ao homem. Vasculhou toda a cabeça e não encontrou nenhuma idéia, proposta concreta ou qualquer argumento. Por um momento chegou a preferir não ser recebido. "Isso é medo de ser feliz", ponderou. Decidiu, então, que o melhor jeito era ser humilde e sincero, contar como tudo tinha acontecido e fazer muitas perguntas para ver se concebia algo durante a conversa.

"Você está com sorte", surpreendeu-o a recepcionista, interrompendo o seu pensamento. "Ele vai te atender agora". Entre surpreso e apavorado, Gustavo se desmontou: "Estou bem? Você acha que a minha roupa está adequada?". "Claro que sim", ela respondeu e continuou: "Um terno clássico azul-marinho, camisa branca e gravata vermelha não tem erro. Você até está parecido com ele".

"Muito prazer, Gustavo, meu nome é Nicola. A Cristina me pediu para recebê-lo, mas não entendi direito a história. Você pode me explicar melhor?"

"Pois não. Já há alguns meses me apresentei para fornecer louça de reposição para o refeitório. Recentemente surgiu uma consulta através da área de compras, porém esta é a terceira vez que tento apresentar minha proposta e ainda não consegui falar com o comprador. Nesta última espera, vi o pessoal da agência saindo de sua sala e fiquei sabendo pela Cristina que vocês estão lançando um produto novo. Como também trabalho com uma linha de brindes, pensei em oferecer algo para compor o projeto de lançamento."

"E o que você tem para nos oferecer?", perguntou Nicola.

Nesse momento, Gustavo sentiu certo desconforto, pois a sua linha de brindes se resumia a dois ou três modelos de cinzeiros, ou seja, além de pouco variada, era incompatível como presente de um laboratório para médicos e farmacêuticos. Isso foi confirmado mais tarde quando ele soube que o remédio a ser lançado era para combater males das vias respiratórias. Precisava pensar rápido e, num impulso, respondeu: "quase toda a minha linha, mas o que eu acho mais indicado neste caso são as xícaras de café com pires".

"Xícaras de café?!", surpreendeu-se Nicola.

Gustavo argumentou: "Imagine uma clínica ou uma sala de médicos de um hospital servindo café em uma xícara com o nome ou a marca do produto. Causaria surpresa, curiosidade e memorização".

"Mas o que me garante que eles utilizariam as xícaras?" , forçou Nicola um pouco mais. "Não há nenhuma garantia desse uso", explicou Gustavo e continuou argumentando: "Ninguém pode assegurar que se utilizem desse brinde, assim como não se pode assegurar o uso de nenhum outro brinde. Mas o ineditismo dessa idéia, somado a uma boa qualidade e a uma apresentação elegante, poderia favorecer muito e estimular o seu uso". "Bem, nesse caso, deveríamos personalizar as peças com desenho e decoração próprios do produto..."

Ato contínuo, Gustavo abriu sua maleta e apresentou a Nicola a sua coleção de amostras. O impacto foi imediato. O diretor do laboratório começou a fazer algumas contas e em seguida solicitou um orçamento para cinqüenta e cem dúzias de xícaras. Gustavo sentiu um frio na barriga, esperava vender de cinco a dez dúzias de peças nesse cliente e agora se apresentava a perspectiva de vender dez vezes mais. Concordou com o cliente, fez algumas perguntas sobre prazos, conversou algumas amenidades, agradeceu e saiu. Na recepção, Cristina observou-o com atenção, pouco entendendo o seu entusiasmo, que resultou em um abraço e um beijo.

Saindo do laboratório, Gustavo foi diretamente para o seu escritório a fim de preparar a proposta. Lá chegando, contou a história para o seu chefe, dono da empresa, esperando o seu reconhecimento. Ao invés disso, recebeu uma indagação: "O que ele (o diretor do laboratório) vai fazer com somente cem dúzias?". E continuou: "Se ele vai dar de três a seis xícaras para cada clínica ou hospital, com isso ele vai atender a cerca de trezentos núcleos, quando ele deve ter pelo menos três mil. Faz o seguinte, prepara o orçamento da maneira que ele pediu e apresenta também uma proposta para quinhentas e para mil dúzias, com um preço bastante especial".

Mais outra surpresa, outra vez o medo de ser feliz. Gustavo não tinha segurança de que seu chefe estava falando sério, mas, recorrendo à razão, concordou e montou a proposta que, depois de discutida, negociada internamente e elaborada com uma apresentação impecável (como era de costume), foi levada ao cliente.

Nicola ouviu todas as explicações com atenção e, já de posse dos valores, fez novas contas e concluiu: "É verdade. Só que, pensando bem, para fazer um trabalho exemplar e atender a todo o meu cadastro, mil dúzias continuam sendo pouco. No início pensei em presentear apenas uma parte dos médicos, mas isso de fato não pega bem. Se você me conseguir um preço significativamente menor, vou comprar muito mais, talvez umas CEM MIL PEÇAS!".

Trocar de carro, viajar para Bagdá, comprar o aparelho de som, aquele perfume importado, o terno novo... Tudo isso em três dias de trabalho! De uma expectativa de vendas de cinco dúzias para cem mil peças! De R$ 40,00 de comissão para R$ 40.000,00. Gustavo estava próximo de alucinar. Era muito bom para ser verdade. Chegava a sentir certa angústia pela dúvida do merecimento... Coisas da nossa psique.

Correu para o escritório com uma sensação desconfortável de que alguma coisa poderia atrapalhar. Dito e feito, seu pedido não foi aceito porque a empresa não tinha capacidade de produzir esse volume no prazo necessário, além do que suas margens eram pequenas o que não propiciava tanta flexibilidade para chegar a um preço conveniente para o cliente; mais ainda, a mobilização total da empresa atrapalharia o atendimento de outros clientes constantes, já fiéis. Gustavo teve o ímpeto de demitir-se, mas isso seria fugir do sucesso. Discutiu com o chefe, trocaram algumas divergências, mas, ao final, baseado em suas sugestões, o chefe aceitou terceirizar a produção para uma empresa maior e reduzir suas margens de ganho.

Final: o negócio foi realizado, a produção foi terceirizada, a entrega feita no prazo, aliás, foi gerado um excesso de produção para compensar a quantidade de peças que porventura pudessem apresentar defeitos e o laboratório aceitou esse excesso que era da ordem de cinco por cento. O que podia ser relativamente aproveitado, do material com defeito, foi transformado em presente para instituições de caridade.

Recebida a comissão, Gustavo trocou de carro, comprou as coisas que queria e iniciou as providências para viajar para Bagdá. Algumas semanas antes da data prevista para sua partida, "estoura" a guerra do Iraque!

Perguntas:

1. Em que momento Gustavo "ganhou" a venda?
2. Como você o avalia na função de vendedor?
3. E na função de negociador?
4. Quais foram os pontos fortes e fracos em relação às competências de Gustavo?
5. O acaso ajudou-o? Se sim, de que maneira?
6. Avalie a participação do cliente no desempenho de Gustavo.
7. Avalie a participação do chefe de Gustavo nesse processo.
8. Qual foi o papel da recepcionista Cristina?
9. Avalie a solução de terceirização que foi utilizada na situação criada.
10. Se você fosse o Gustavo, no que este caso seria diferente?

Parte 2: Bagdá

Bagdá foi a incubadora dos contos de fada, local onde nasceram as histórias de "mil e uma noites" da princesa Sherazade e Simbad, o marujo.

Bagdá foi identificada como "Jardim do Éden" e lá se construiu a "Torre de Babel".

Bagdá, a terra do Califa, foi também terra de filósofos, onde foi criada a escrita, onde se inventaram a roda e o vidro e se desenvolveu a matemática.

Banhada pelo legendário rio Tigre, nas cercanias do rio Eufrates, onde se situava a antiga Mesopotâmia (que em grego quer dizer "entre rios"), Bagdá contém sítios arqueológicos de sete mil anos, representa a região que foi o sítio da Gênese, o ponto de partida para o Ocidente, o "berço da civilização".

Com mais de cinco milhões de habitantes, capital e maior cidade do Iraque, Bagdá caiu diante de tropas norte-americanas no início do mês de abril de 2003, que a atacaram sob o pretexto de ela estocar armas de destruição em massa.

Embora sem a aprovação do Conselho de Segurança da ONU - Organização das Nações Unidas e sem a participação de importantes países europeus como a Alemanha e a França, os Estados Unidos implantaram uma guerra com o apoio da Inglaterra, da Itália e da Espanha, formando o que ficou conhecido como a "Coligação".

Parte 3: Bagdá sem xícara

No dia 11 de março de 2004, coincidentemente exatos dois anos e meio após o atentado contra as torres gêmeas de Nova Iorque, dez bombas explodiram, em um período de apenas dois minutos, em importantes estações do metrô de Madri, matando cerca de 200 pessoas e ferindo 2.000! Superadas as especulações, o atentado foi atribuído aos terroristas da rede Al Qaeda, de Osama bin Laden, que teriam realizado a afronta em represália à participação da Espanha na invasão do Iraque, enviando tropas espanholas para reforçar a coalizão liderada pelos Estados Unidos.

No momento em que soube das explosões, Dácio chorou. Sabia que poderia dar mil desculpas, até bem convincentes e convenientes, mas um dia a sua verdade viria à tona e ele seria cobrado por um erro que custou 200 vidas inocentes.

No outro hemisfério do mundo, cerca de nove meses antes, alguém se entristecia. Gustavo acompanhava com grande interesse, através da imprensa, o desenrolar da guerra. Gostaria que tudo não passasse de uma questão rápida e, com a sua peculiar esperança, mantinha o sonho de realizar a viagem para Bagdá, antes da possível destruição daquilo que gostaria de ver.

Em uma de suas leituras, deparou com a seguinte manchete: "Imprensa revê presença da Espanha no Iraque após morte de agentes". Tratava-se de uma notícia da France Presse, de 30 de novembro de 2003, publicada pela *Folha de S. Paulo*, que questionava a presença das tropas espanholas no Iraque, pois, além de ser uma ação contrária à vontade popular, não explicava a sua utilidade nem para a segurança nem para a democratização do país e, como parte de uma "monumental cadeia de erros", havia sido a causa primária da morte de sete agentes secretos espanhóis (pelo visto, não tão secretos assim!). Gustavo sentiu que, em vez de acabar logo, esse problema histórico-político teria longos desdobramentos e perguntou-se: "Quem teria orientado a decisão da Espanha a somar forças com os Estados Unidos? Quais seriam os interesses desse país? Ou seriam interesses de alguns representantes do governo?"

Lembrou-se de ter lido algo sobre Dácio J., um negociador político espanhol que participara ativa e diretamente dessas decisões no início da guerra. Dácio atendia ao presidente espanhol da época e trabalhava em favor do candidato indicado pelo governo para as eleições que ocorreriam no início do ano seguinte (2004). Havia estado diversas vezes nos Estados Unidos, onde discutia uma pauta de colaboração na guerra em troca de apoio daquele país tanto nas campanhas como no provável governo futuro de seu candidato. Mas nem tudo a imprensa conseguia saber e publicar, como por exemplo a última conversa entre Dácio e o seu Presidente antes da assinatura do acordo que incluía a Espanha na "Coligação":

"Bom-dia, Dácio".

"Bom-dia, Sr. Presidente".

"Como foi a sua viagem? E a sua reunião na Casa Branca?"

"Excelentes, Senhor".

"O Presidente Bush apareceu por lá?"

"Não, Senhor".

"Quem estava presente?"

"Apenas os membros da comissão, Sr. Presidente".

“Qual foi a justificativa final que eles deram? O que podemos considerar como o maior interesse deles, tanto na guerra como na nossa adesão?”

“Bem, todo o quadro é político-institucional, Sr. Presidente. Os Estados Unidos precisam responder aos ataques terroristas, mas não com terrorismo; precisam expor e confirmar sua soberania econômica e assegurar certas posições relativas entre as nações mais importantes do mundo. Em relação ao nosso apoio, não acredito que o interesse tenha a ver com força ou dinheiro, mas sim com apoio institucional de outras nações importantes e também vítimas de terrorismo como nós. Aliás, eles se referiram muito ao grupo ETA”.

“Como vão reagir os outros países da Europa e a ONU?”

“A Inglaterra e a Itália já estão confirmadas, mas os demais países seguramente irão aderir quando a primeira arma química de destruição em massa for encontrada. Sobre isso, a comissão assegura já saber da existência e da localização dessas armas. Dessa maneira, a ONU não terá o que dizer”.

“Como estão as pesquisas sobre a próxima eleição para presidente de governo em nosso país?”

“Não há como perdermos essa eleição. Com os resultados da guerra, a opinião do povo, que se opõe a nós apenas nessa área, será automaticamente revertida. Se, por acaso, o nosso candidato perder a eleição, o problema passa a ser do candidato que for eleito”.

Havia sarcasmo, arrogância e desprezo na atitude de Dácio.

“E o nosso candidato Mariano, ele concorda com isso?”

"Sr. Presidente, pelo que dele conhecemos, temos certeza de que ele não vai querer aparecer como uma figura débil e covarde diante de ações terroristas".

"É você quem diz..."

"Estou seguro, Sr. Presidente. Já falamos sobre isso".

"E quanto ao Iraque e a Sadam?"

"Eles não têm a menor chance. Iremos conduzir todo o processo, do início ao fim, e concluir com um plano de recuperação nacional e de resgate da democracia por meio de eleições. E isso ainda vai nos assegurar alguns créditos internacionais".

"Ok! Pode marcar a data para a assinatura".

Dácio ufanou-se intimamente. Orgulhou-se da decisão de focalizar suas análises, reivindicações, concessões e acordos no eixo de interlocução governo norte-americano <-> governo espanhol, para atender aos seus interesses relativos à próxima eleição e aos planos do futuro governo. Isso lhe valeria o tão almejado ministério!

Ele acreditava genuinamente que, uma vez no poder e contando com as suas habilidades pessoais em negociação e comunicação, o novo presidente eleito teria condições, para "dar a volta por cima", de comprovar o acerto das decisões anteriores e compensar a sociedade com programas de crescimento e valorização nacional. Quanto aos outros países da Europa, não só acreditava que eles acabariam por aderir à "Coligação", como, com o decorrer da história e pelos interesses político-econômicos, eles abririam cada vez mais as suas portas para ele e para o seu país. Quanto aos iraquianos, considerava-os como o centro de uma grande oportunidade para que ele pudesse alcançar os seus melhores resultados...

Os fatos:

- Às vésperas das eleições ocorreram as explosões no metrô de Madri;
- O candidato do governo (e de Dácio) perdeu as eleições;
- O candidato vitorioso assumiu e, cerca de um mês depois, retirou as tropas espanholas do Iraque, cumprindo sua promessa de campanha e atendendo aos desejos da sociedade;
- A França e a Alemanha nunca aderiram à "Coligação", nem a ONU a apoiou;
- Não foram encontradas as armas químicas de destruição em massa no Iraque;
- Cerca de dois anos depois da posse do novo Presidente, o grupo separatista ETA depôs armas.

Dácio J. continua chorando e Gustavo não conhece Bagdá!

Perguntas:

1. Em que momento Dácio "enterrou" a negociação?
2. Como você o avalia na função de negociador?
3. Quais foram os pontos fortes e fracos em relação às competências de Dácio?
4. Avalie a participação do presidente espanhol no desempenho de Dácio.
5. Avalie a participação do candidato do governo no desempenho de Dácio.
6. Faça suas observações quanto ao cenário da negociação.
7. Se você fosse o Dácio, no que este caso seria diferente?

1. DEFINIÇÕES E FUNDAMENTOS

1.1. Negociação

O início de tudo o que Dácio J. deveria saber

Negociação é um assunto extremamente importante para se trabalhar, pois está inserido no cotidiano, na vida, na natureza das pessoas e, portanto, é a base de seus relacionamentos. Tudo é negociável, tudo se negocia: a pauta de uma reunião, o horário para chegar em casa, o restaurante para o jantar, o desarmamento nuclear, a preservação da natureza, a guerra, a paz e, até mesmo, a venda e compra de objetos como xícaras, por exemplo. Por ser algo tão presente assim, a negociação pode ser definida sob diversos pontos de vista. Partindo-se de uma definição simples de que negociação é uma discussão e um acordo sobre interesses, diriam os otimistas – aqueles que vêem um copo pela metade como "meio cheio" – que a negociação ideal é aquela que leva a uma relação ganhar-ganhar, ou seja, ambas as partes saem do processo acrescidas de valor. Já os pessimistas – aqueles que vêem um copo pela metade como "meio vazio" – diriam que o processo de negociação produz sempre alguma perda, pois os principais acertos sempre se referem às concessões que cada uma das partes faz. Os realistas – aqueles que vêem um copo pela metade como "um copo pela metade" – tentariam identificar as duas situações: se ganha e se concede e o balanço desse processo deve ponderar o grau de importância (ou de impacto) que cada ganho ou concessão tem para as partes e para o contexto em que se inserem.

Ao se elaborar uma definição clássica e funcional, pode-se dizer que negociação é um processo em que duas ou mais partes discutem, propõem e acordam ações e comportamentos relativos a interesses comuns e conflitantes. Esta definição — insisto — é funcional e seria mais completa se considerasse também três componentes fundamentais que constituem e permeiam o processo do início ao fim e que interferem enfaticamente em seu resultado, ou seja, favorecem mais ou menos a viabilidade da execução do acordo (pois não adianta as partes estabelecerem um acordo que depois não conseguirão cumprir). Esses componentes são: conhecimento, confiança e comunicação. O conhecimento é a parte central deste trabalho, que considera prioritário conhecer em profundidade todos os participantes e o ambiente onde ocorre o processo de negociação. Confiança e comunicação serão tratadas como práticas essenciais na última parte do estudo juntamente com outras práticas que complementam esse tripé e se inter-relacionam estruturalmente com ele. Observe que as três palavras começam com "C" e tenho utilizado isso como recurso didático para facilitar a lembrança: "Os três C's da negociação".

Neste ponto, então, a definição fica assim: Negociação é um processo em que duas ou mais partes discutem, propõem e acordam ações e comportamentos relativos a interesses comuns e conflitantes. O êxito desse processo se apóia em três componentes fundamentais, o conhecimento das partes e do ambiente em que se inserem, a confiança que se estabelece entre essas partes e o entendimento de todo o processo, que depende da eficácia da comunicação. Parece melhor, mas esta definição ainda poderia ser complementada detalhando-se o "processo". Por exemplo, dividindo-o nas seguintes etapas: levantamento de informações gerais; planejamento ou preparação para negociar; exploração direta dos objetivos e expectativas dos interlocutores; apresentação de objetivos próprios, expectativas e respectivas alternativas de propostas; clarificação de toda a informação; acordo; e, finalmente, acompanhamento e avaliação dos resultados. Por esse detalhamento, é possível identificar e deduzir que a pluralidade de propostas com diversas alternativas testa, qualifica e enriquece o acordo e que para isso é necessário criatividade. Por fim, a definição ainda pode conter um alerta dialético, que visa contrapor práticas opostas, sugerindo uma escolha mais moderna, mais ética e mais comprometida com a exeqüibilidade.

Considerando-se toda essa discussão, a definição final é a seguinte: Negociação é um processo de interlocução em que duas ou mais partes discutem e propõem alternativas criativas para acordar ações e comportamentos relativos a interesses comuns e conflitantes. As etapas fundamentais desse processo são: levantamento de informações gerais; planejamento ou preparação para negociar; exploração direta dos objetivos e expectativas dos interlocutores; apresentação de objetivos próprios, expectativas e respectivas alternativas de propostas; clarificação de toda a informação, acordo e, finalmente, acompanhamento e avaliação dos resultados. O êxito desse processo se apóia em três componentes fundamentais: o conhecimento das partes e do ambiente em que se inserem, a confiança que se estabelece entre essas partes e o entendimento de todo o processo, que depende da eficácia da comunicação. Isso implica que os negociadores devem buscar antes ser colegas que adversários; antes ser flexíveis que radicais; antes ser polidos que ameaçadores; evitar polarização e confronto e complementar sua visão unilateral com uma visão ampla e abrangente da questão.

Para exercitar esta definição, podemos tentar identificá-la com os procedimentos explícitos de cada um dos personagens do nosso estudo de caso: Gustavo e Dácio.

1.1.1. O processo de negociação

Nas situações mais comuns e cotidianas, o processo de negociação é praticamente automatizado e as pessoas se valem de informações e sentimentos já internalizados anteriormente em relação à questão em pauta ou outras questões análogas. Em outros processos de causas mais complexas e enfaticamente divergentes, ou então em exercício profissional, é importante seguir à risca as sete etapas apresentadas a seguir (nas negociações mais simples, elas também serão úteis, se não sobrepujarem ou extrapolarem a importância dos interesses negociados, ou seja, o "meio" sobrepujando o "fim"):

1ª Etapa: Levantamento de informações gerais. Corresponde à mais completa pesquisa que se possa fazer sobre o que será negociado, sobre os negociadores, o ambiente, os demais interessados na negociação, contexto, repertório (jargões e especificidades), interesses, expectativas, alternativas, critérios etc.

2ª Etapa: Planejamento ou preparação para negociar. Esta é uma etapa para organizar as informações obtidas na primeira etapa e decidir inicialmente o que fazer com elas. Como o processo de negociação é dinâmico e comumente apresenta situações inesperadas, muitas pessoas consideram ser difícil prepará-lo, entretanto simular essas situações e criar cenários alternativos favorecem a fluência do raciocínio em momentos de surpresa. O mínimo que se deve fazer nesta etapa é preparar um plano, como o seguinte:

- Listas completas dos interesses próprios e dos interesses das demais partes, ordenadas por prioridade;

- Análise e relação das convergências e divergências entre essas listas de interesses;

- A partir dessa análise, destacar quais as melhores alternativas próprias e ponderar o impacto que elas teriam para as demais partes;

- Fazer o mesmo em sentido contrário, ou seja, quais poderiam ser as melhores alternativas para as outras partes e qual o impacto que elas causariam na nossa parte;

- Elaborar e priorizar diversas alternativas de propostas que sempre levem em conta todos os participantes do processo e seus representados, se for o caso; e

- Pautar e priorizar as possíveis concessões e suas respectivas contrapartidas.

3ª Etapa: Exploração direta dos objetivos e expectativas dos seus interlocutores. Este é o momento em que, frente aos seus interlocutores, você irá aferir e testar o seu planejamento (ou preparação), **FAZENDO PERGUNTAS** às demais partes, registrando as informações que se confirmam ou não e as novas descobertas.

4ª Etapa: Apresentação dos seus objetivos, expectativas e respectivas alternativas de propostas. Este é o grande momento comandado pela habilidade de comunicação e persuasão. É necessário que seja preparada uma apresentação que contemple de maneira equilibrada a forma e o conteúdo, a emoção e a razão e apresente, no mínimo, os seguintes argumentos:

- Descrição clara dos seus próprios interesses;
- Descrição clara de seus ideais e de suas idéias;
- Descrição clara de sua(s) proposta(s) e seus respectivos fundamentos;
- Problemas que serão resolvidos por sua proposta; e
- Benefícios decorrentes de suas propostas que serão agregados às partes.

5ª Etapa: Clarificação de toda a informação. Este momento é muito importante, porque é muito comum que, diante de tantas informações, alguma coisa não tenha ficado clara ou algumas divergências permaneçam pendentes ou mal-entendidas. É o momento então de:

- Esclarecer dúvidas e questões novas que tenham surgido durante as discussões;
- Responder e tratar as objeções, sempre acatando e respeitando as razões das outras partes; e
- Levantar dúvidas em potencial para que não haja, no futuro, impedimentos para o cumprimento do acordo.

6ª Etapa: O acordo. É o momento mágico do processo, emocional, comprometedor, requer firmeza e objetividade para se realizar. Geralmente, o caminho para o fechamento do acordo passa por:

- Flexibilização e adequação de propostas, chegando às vezes a uma proposta híbrida ou, até mesmo, totalmente nova;

- Uma recapitulação das vantagens e desvantagens do acordo para cada uma das partes e respectiva aceitação formal dessas condições, que implicam benefícios e, talvez, alguns sacrifícios; e

- Agregação ou concessão de opções acessórias para apoiar ou servir a proposta principal.

7ª Etapa: Acompanhamento e avaliação dos resultados. Como em todo processo, é indispensável que se faça um acompanhamento para a constatação de seu cumprimento e alcance dos resultados esperados, bem como uma criteriosa avaliação, comparando-se esses resultados e suas variações com as expectativas e propostas iniciais. É muito comum que, com o que se aprende no acompanhamento e na avaliação, se possa mudar o acordo seguinte (se houver), ou até mesmo o acordo vigente, no caso de inviabilidade ou de mudanças significativas entre as partes, no ambiente ou no contexto de relacionamento. Nesta etapa, algumas perguntas seriam úteis:

- O acordo está se cumprindo conforme esperado? Se não, quais itens foram inviabilizados? Por que foram inviabilizados? E quais possíveis alterações se fazem necessárias?

- Quais foram as surpresas ocorridas durante o processo de negociação e durante o cumprimento do acordo? Identificar suas causas e as soluções adotadas.

- Se fosse iniciar o processo novamente, o que eu faria de maneira diferente?

- De que formas o acordo final poderia ser melhorado?
- Que informações faltaram e como deveriam ser obtidas?
- Quais competências faltaram ou poderiam ser melhoradas para a obtenção de um resultado mais satisfatório?

1.1.2. Ganhos secundários

Desde que iniciei meus estudos sobre este assunto, tenho tido a agradável surpresa de identificar, no processo de negociação, ganhos secundários que vão muito além das expectativas. O exercício de reflexão, por exemplo, nos dá a oportunidade de ampliar horizontes em relação a temas desconhecidos que, por isso, não eram valorizados anteriormente e que, por analogia, permitem aproveitar os novos conhecimentos e as novas experiências na solução de outros problemas.

Esse mesmo exercício — acrescido da experiência de discutir e tomar decisões importantes — incrementa a habilidade de argumentar sustentada por alicerces de sabedoria e de fluidez mental. A negociação nos dá a oportunidade de exercer e ampliar relações interpessoais, de desenvolver a capacidade de praticar empatia e respeito e a habilidade em comunicação. Mais ainda, ao negociar, desfilamos por fronteiras morais e éticas que nos testam e promovem nossas convicções, integridade e maturidade, preparando-nos para um desfrute equilibrado das emoções.

1.1.3. Algumas indicações importantes

Mais adiante, serão tratadas as práticas essenciais no processo de negociação e venda; entretanto, vale a pena antecipar algumas indicações importantes para uma boa negociação:

- Não discuta valores no início do processo. Procure discutir características e benefícios antes;
- Não tenha pressa nem demonstre ansiedade;
- Argumente com dados mensuráveis e comprováveis;
- Cuide de sua postura, aparência pessoal e da apresentação de sua proposta. Ao negociar você, sua proposta e seus argumentos são os únicos fatores sensíveis à outra parte;
- Nunca aceite um "não" sem saber o porquê.
- Permita que todos falem e apresentem suas idéias, pensamentos e propostas; só assim você poderá argumentar de maneira consistente;
- Trate as objeções como questões, não como ataque; não as contradiga diretamente;
- Trabalhe mais com os pontos positivos das relações;
- Separe as pessoas dos problemas, sendo mais brando com as pessoas e mais firme com os problemas; e
- Leve em conta o perfil de comportamento de cada negociador envolvido no processo.

Reflexões sobre o caso

Parece que os nossos personagens não são planejadores rigorosos. Ambos não cumpriram todas as etapas do processo e nem todas as indicações apresentadas. Retome o caso e avalie detalhadamente a conduta de cada um.

Na tabela a seguir, resumimos os pontos mais notáveis daquilo que se pode observar no caso:

	Bom desempenho em	**Deficiência em**
Gustavo	• Apresentação da proposta • Clarificação da informação • Acordo • Acompanhamento • Aparência pessoal	• Planejamento
Dácio	• Exploração dos objetivos dos interlocutores	• Levantamento de informações • Planejamento • Apresentação dos seus objetivos • Clarificação da informação • Acordo

1.2. Venda

É muito interessante observar a relação entre as definições de negociação e de venda. Do ponto de vista prático e operacional, pode-se afirmar que as mesmas técnicas e procedimentos comentados no processo de negociação poderiam ser utilizados para o processo de venda, particularmente no que se refere às etapas desses processos. **Na verdade, quando você quer vender algo, você deve negociar.** A diferença é que, na negociação pura, se estabelecem acordos de comportamentos baseados em interesses intrínsecos e valores subjetivos. Na venda, além disso, ocorre uma transferência de propriedade ou contratação de serviços mediante uma troca de valores econômicos parametrizados por um conjunto de variáveis mercadológicas mensuráveis, como custos, preços da concorrência, práticas comuns do segmento etc. Por exemplo, pode-se vender um carro recebendo-se certa quantia em dinheiro, ou ainda aceitando-se outro carro como parte do pagamento, saldando a diferença de valores com base em condições estipuladas por um mercado específico. Por outro lado, não se pode vender para um filho (por um valor pecuniário) a autorização para chegar em casa mais tarde do que o que foi combinado, mas é possível negociar com ele um novo horário, mediante a atualização de certas condições eventuais.

Fixando-nos, então, nas definições que se referem especificamente à venda, destacamos aquelas que são as mais populares:

- A troca de algo por dinheiro ou interesse;

- A alienação de um objeto por um certo preço;

- O contrato por meio do qual uma pessoa transfere ou se obriga a transferir a outra a propriedade de determinada coisa, cujo preço é pago por ela segundo as condições estipuladas; e

- A fase de uma operação de troca na qual se entregam riquezas, bens ou se prestam serviços, mediante o recebimento real ou figurado (cheques, cartões e outros meios) de moeda em valor correspondente.

Parece que a relação fundamental entre negociação e venda é que em toda venda deve ocorrer uma negociação, mas nem todas as negociações se referem a operações de venda que, por sua vez, implicam sempre uma troca tangida por valores.

Grosso modo, reforçando a tese defendida neste trabalho, tanto para negociar como para vender bem, serão necessárias as mesmas habilidades e técnicas que serão estudadas adiante: conhecer interlocutores, interesses, o que se negocia ou vende, o ambiente e o contexto e, finalmente, proceder às práticas (ou técnicas) consideradas essenciais.

1.2.1. O processo de venda

A discussão mais típica sobre o processo de venda registra três fases fundamentais: pré-venda, durante a venda e pós-venda. Na pré-venda, ocorrem todas as etapas de pesquisa e planejamento; a fase durante a venda é quando se realiza a maior parte dos contatos e das relações pessoais na venda, ou seja, a abordagem, a apresentação do produto, o tratamento das objeções e o fechamento da venda; a fase conhecida como pós-venda tem uma peculiaridade: ela representa todo o acompanhamento e a avaliação que se faz da satisfação do cliente em relação àquela venda; porém, o seu resultado mais importante e esperado é que ele, o cliente, realize uma próxima compra (em nossa consultoria costumamos dizer que um comprador só pode ser considerado cliente quando compra pela segunda vez. Isso nos faz buscar sempre a melhor qualidade global, tanto de serviço quanto de atendimento, para fidelizar o cliente).

Detalhando melhor as três fases citadas, é possível registrar um processo de venda de sete etapas, bem como algumas indicações importantes para seu respectivo êxito:

1ª Etapa: Prospecção e qualificação. Corresponde a identificar oportunidades e clientes potenciais, qualificá-los e selecioná-los;

2ª Etapa: Planejamento. Implica definir objetivos e metas, desenvolver ações específicas para alcançá-los e organizar-se para isso;

3ª Etapa: Abordagem. Corresponde ao método de aproximação dos clientes através de sondagem, escuta eficaz e apoio em suas análises, escolhas e decisões;

4ª Etapa: Apresentação do produto ou serviço. Enfatiza seus benefícios de maneira sintonizada com o cliente por meio de linguagem adequada;

5ª Etapa: Tratamento de objeções. É uma das etapas mais complexas, pois pode levar à polarização e ao enrijecimento de posições. É importante estimular o aparecimento das objeções, acatá-las, compreendê-las, apoiá-las e, em seguida, compensá-las com a reafirmação dos benefícios a serem fornecidos;

6ª Etapa: Fechamento da venda. Significa obter compromisso do comprador. Na maioria das vezes implica revisão, resumo e reafirmação dos benefícios aceitos pelo cliente na fase anterior; e

7ª Etapa: Acompanhamento. Assegura a satisfação do cliente através da demonstração de interesse, confiança e lealdade e do desenvolvimento de parcerias para relacionamentos duradouros.

1.2.2. Algumas indicações importantes

- Valorize a qualidade do processo mais que a quantidade vendida pontualmente;

- Considere mais os objetivos de longo prazo para fidelizar e reter os clientes;

- Investigue em profundidade as necessidades e expectativas do cliente. Informações valem ouro;

- Estabeleça relações de parceria e desenvolvimento conjunto. Torne-se um fornecedor preferencial;

- Conquiste e mantenha a confiança através do cumprimento das condições combinadas;

- Predisponha-se a ampliar *share of customer*[1] nos clientes;

[1] Porcentagem dos negócios que se obtém de um cliente em relação ao total dos investimentos ou gastos que ele realiza no segmento.

- Pratique perguntar, ouvir, confiar, relacionar-se e oferecer soluções no foco do cliente; e

- Em relação ao cliente, considere como chaves de decisão as necessidades (aquilo que o cliente pensa que precisa); os desejos (aquilo cuja posse trará satisfação ao cliente); as ameaças (aquilo cuja ausência trará prejuízo ao cliente); e as oportunidades (aquilo que provavelmente irá gerar lucro para o cliente).

Reflexões sobre o caso

A definição de venda se liga mais diretamente a Gustavo, um vendedor profissional. Reflita detalhadamente sobre o seu desempenho em relação ao processo de venda e às indicações apresentadas neste capítulo.

Antecipando a nossa avaliação, Gustavo nos parece um excelente vendedor, mas continua débil na etapa do planejamento.

1.3. Conhecimento

É outro termo que este trabalho se propõe a definir, sendo, porém, de cunho mais filosófico. Para iniciar, podemos relacionar algumas definições clássicas, como idéia, noção, informação, experiência; consciência da existência de algo; apreciação e julgamento;

instrução, saber, perícia, circunspeção; relacionamento com discernimento, distinção e reconhecimento; e saber perfeitamente quem ou o quê é, com as suas qualidades e defeitos.

Apesar de todos estes termos serem muito importantes e utilizáveis para a proposta central deste livro, eles podem ser resumidos em uma idéia seqüencial que diria o seguinte: **CONHECIMENTO** é um conjunto de informações interpretadas, carregadas de sentido e experimentadas, que, agregadas de valor e juízo, resultam em sabedoria!

Essa definição pode ser representada pelo seguinte esquema:

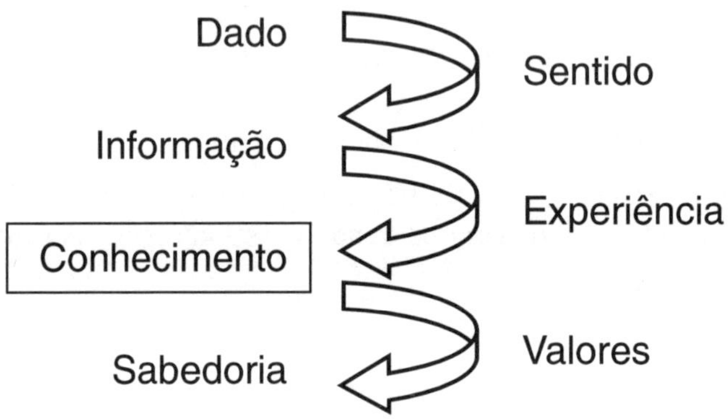

Fig. 3 – Geração seqüencial de conhecimento

Diante dessas definições, como compor o conhecimento? Através da observação, da contemplação e da reflexão, em cujo exercício podem-se fazer as seguintes perguntas:

- Qual a minha idéia a respeito disso?
- Que informações tenho sobre isso?
- Como interpreto isso?

- Quais as minhas experiências sobre isso?
- Que sentido isso faz para mim?
- Como aprecio isso?
- Que julgamento (ou juízo) posso fazer disso?
- Quais são as minhas relações com isso?
- Como distingo e reconheço isso?
- Quais são as qualidades e defeitos disso?
- Que valor isso tem para mim?
- Com o quê e como posso compará-lo?

Reflexões sobre o caso

Gustavo e Dácio conheciam tudo o que era necessário para realizar suas atividades com sucesso?

Provavelmente não. Ambos pareciam ter bom conhecimento sobre algumas coisas, mas conhecimento insuficiente sobre outras. No caso de Dácio, por exemplo, esse pode ter sido o fator determinante para os maus resultados que ele obteve. Essa condição apresentada pelos personagens parece ser muito comum entre profissionais de negociação e venda. Fruto de um movimento de especialização, ela reduz a versatilidade e o nível de conhecimento multidisciplinar tão necessários nessa área.

1.4. Comportamento

É a maneira de ser das pessoas, a conduta ou o conjunto de ações que elas praticam baseadas em suas escolhas circunstanciais para corresponder ou adaptar-se ao ambiente ou contexto nos quais estão inseridas em um momento ou ocasião.

1.4.1. Comportamento individual

Nem sempre os motivos que definem o comportamento são conscientes. Nesse caso, se baseiam em preferências, paradigmas e experiências abrigadas no inconsciente. De qualquer maneira, em nível consciente ou não, o comportamento individual é resultado da reação desses componentes frente a estímulos recebidos em todos os instantes da vida. Esses estímulos podem ser internos ou externos, ou ainda, uma seqüência de ambos. Por exemplo, a fome ou a sede são estímulos internos que podem levar a um comportamento de comer ou beber algo e esse comportamento pode ser mais ou menos voraz, dependendo do nível de fome ou de sede, ou seja, do nível do estímulo. Se alguém é estimulado pela pergunta "Você está com fome?", o seu comportamento pode se restringir a uma resposta – "sim" ou "não" – o que corresponderia a uma reação a esse estímulo que é externo. Porém, a pergunta também pode despertar a fome – um estímulo interno – e, por isso, além de responder que "sim", a pessoa pode, em seguida, comer algo. Trata-se, então, de um comportamento associado a um conjunto de fatores, externos e internos.

Resumindo: uma pessoa recebe um ou diversos estímulos, internos e/ou externos, que, de acordo com as suas experiências, paradigmas e preferências, geram um desejo mais ou menos forte que a impele a uma ação (vide fig. 4).

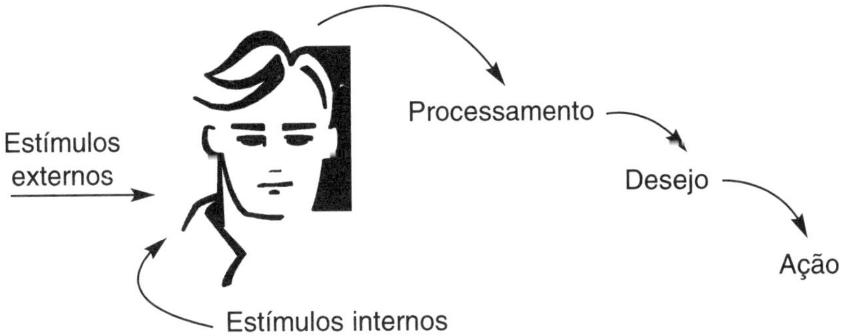

Fig. 4 – Psicodinâmica do comportamento individual

1.4.2. Comportamento de grupo

Deve-se também levar em conta que, em qualquer processo interativo, o comportamento de alguém também servirá de estímulo para os demais e vice-versa, estabelecendo, portanto, um processo seqüencial e cíclico, (vide fig. 5).

Nesse caso, é de extrema importância considerar os fatores que determinam com quem e de que modo os indivíduos se relacionam e se tentarão exercer uma influência sobre os demais ou serão influenciados pelos outros. De certa forma, apesar das intenções, há de se esperar que o indivíduo e o grupo se influenciem mutuamente e que os efeitos dessa influência tenham a ver com o papel que esse mesmo indivíduo representa no grupo, pois, seja uma família, um grupo social ou desportivo, uma empresa, uma instituição, uma comunidade ou uma nação, **SEMPRE HAVERÁ ALGUÉM, ALÉM DO PRÓPRIO INDIVÍDUO, QUE PODERÁ SER AFETADO PELAS SUAS DECISÕES.**

O comportamento do indivíduo no grupo se correlaciona a uma visão sistêmica formal ou informal, à qual corresponde uma doutrina ou um conjunto de costumes e normas.

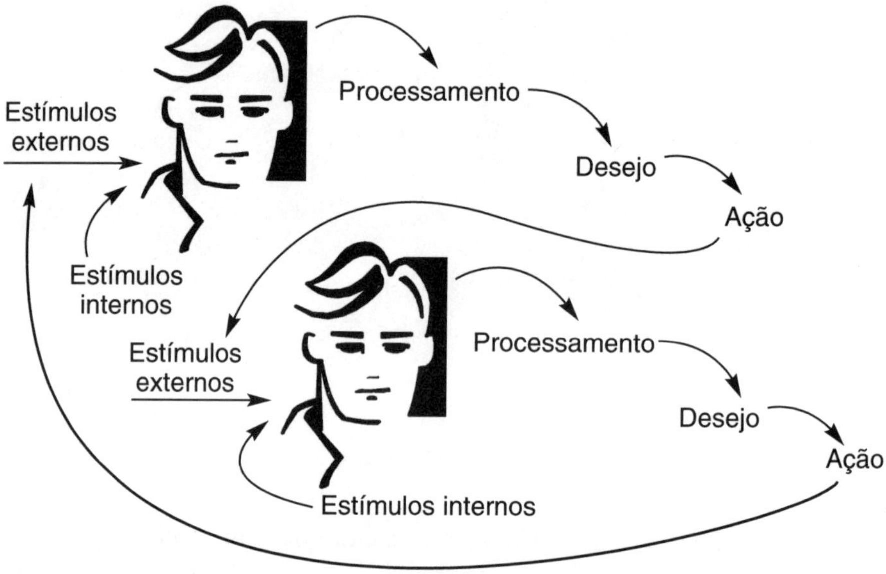

Fig. 5 – Psicodinâmica do comportamento de grupo

Relativamente ao tema central deste trabalho – negociação e venda baseadas em conhecimento –, vale observar a importância da análise de comportamento dos interlocutores e como eles reagem aos diversos estímulos gerados durante o processo.

Reflexões sobre o caso

Parece-nos que Dácio não avaliou a frase grifada deste capítulo: "**SEMPRE HAVERÁ ALGUÉM, ALÉM DO PRÓPRIO INDIVÍDUO, QUE PODERÁ SER AFETADO PELAS SUAS DECISÕES**".

1.5. Cultura

Este é um conceito tão extenso e ao mesmo tempo tão profundo que é melhor trabalhar inicialmente com as definições clássicas:

Do ponto de vista sociológico, cultura é um sistema de idéias, conhecimentos, técnicas e métodos, de atitudes e de padrões de comportamento que caracteriza um determinado grupo ou sociedade;

Do ponto de vista antropológico, cultura é o estágio de desenvolvimento de um povo, uma sociedade, um período ou uma época, caracterizado pelo conjunto das obras criadas pelo homem desse período.

A importância que a "cultura" tem neste estudo é que ela é a referência fundamental dos costumes e o embrião das preferências, expectativas e desejos, determinando, portanto, o juízo que se faz dos conhecimentos para promovê-los à sabedoria e também dos valores e princípios básicos que norteiam as atitudes e os comportamentos.

O modo de vestir, de comer, de apreciar as artes e de interpretar a vida podem vir revestidos de detalhes que fazem toda a diferença no momento de negociar ou vender. Por exemplo: andar adiante (orientais) ou ao lado (ocidentais) de uma mulher, servir-se com a mão esquerda ou direita, gesticular ao falar, arrotar ou não à mesa após uma refeição, respeitar incondicionalmente as pessoas mais velhas, adotar postura de respeito diante de símbolos patrióticos nacionais etc.

Levar em conta e respeitar a cultura dos outros indivíduos pode construir a necessária ponte para ligar interlocutores de interesses diferentes e/ou divergentes. O contrário — não atender a esses quesitos — pode significar um obstáculo por vezes intransponível em um processo de negociação ou venda.

Finalizando, é importante acrescentar um alerta: cultura não é sinônimo de homogeneidade. Ainda que as condições materiais de existência dos membros de uma determinada cultura sejam bastante semelhantes, cada indivíduo pode ser considerado um universo particular dentro dessa cultura. Assim como foi comentado na definição de comportamento de grupo, apesar de uma cultura ser pautada por um conjunto de costumes e normas, cada indivíduo — administrando e convivendo com a semelhança e a diversidade, o individualismo e a coletividade, o público e o privado — será capaz de agir de maneira inovadora, exclusiva e surpreendente, sem trair os valores ou os princípios fundamentais da cultura da qual faz parte e que representa.

Reflexões sobre o caso

Gustavo pensou corretamente quando decidiu não oferecer cinzeiros como brinde para médicos, respeitou um sistema de idéias. Dácio, por sua vez, sequer se referiu às significativas diferenças culturais entre tantos povos que estavam envolvidos em sua questão, o que, sem dúvida nenhuma, tornava mais complexa e difícil a sua decisão.

1.6. Moral e ética

Algo que sempre se apresenta com clareza é que a questão central nos processos de negociação e venda é sempre de caráter moral e/ou ético. É muito comum, por exemplo, que quem oferece alguma coisa procure supervalorizá-la para ter o que conceder na negociação, prevendo que haverá demanda de concessão; por outro lado, a outra parte procura desvalorizar o que foi oferecido, para obter um valor justo, já imaginando que houve a supervalorização. Não raro, uma parte omite informações importantes temendo que elas possam enfraquecê-la no processo, enquanto a outra blefa ou estressa, buscando informações que possam auxiliá-la. Essas condutas correspondem a estilos, metodologias, técnicas? Apesar de corriqueiras, podem ser consideradas de acordo com padrões morais e éticos aceitáveis?

Em outra situação, muito bem conhecida dos brasileiros, é fácil se constatar que 'falta' em uma partida de futebol é apenas aquela que o juiz 'apita'. Aquelas que são cometidas sem que ele veja, ou que ele vê mas não aponta, ou que ele julga de maneira errada, não são consideradas faltas, apesar de interferirem nos resultados. Mais uma vez vale a pergunta: Isso faz parte do jogo? Essas condutas corriqueiras podem ser consideradas de acordo com padrões morais e éticos aceitáveis?

Para responder a essas questões e optar por outros comportamentos, é necessário ter claros os conceitos específicos e consolidados de moral e ética. Trata-se, porém, de uma questão de amplo espectro, uma vez que se relaciona com costumes, com cultura.

O livro *Nos labirintos da moral*, de Mario Sergio Cortella e Yves de La Taille, apresenta, na fala de La Taille, uma explicação interessante para distinguir os termos moral e ética: "Chamo de 'moral' o que diz respeito aos deveres e costumo reservar a palavra 'ética' para as questões relativas à vida boa, à felicidade..." (pág. 8). A interpretação dessa explicação conduz ao conceito de deveres e direitos como premissa social e que, portanto, está associado às questões de relacionamento social, à coletividade.

Buscando uma definição mais socializada e comum, encontramos os seguintes conceitos no *Dicionário Houaiss*: moral é o conjunto de valores, princípios, regras e preceitos característicos de um determinado grupo social que os estabelece e defende. Esses princípios norteiam o modo de agir e pensar dos indivíduos e suas relações sociais, bem como definem comportamentos proscritos, desaconselhados, permitidos ou ideais. A ética está intrinsecamente ligada à moral na questão relativa a valores, mas, na rubrica filosófica, apresenta um aspecto de objetivos pragmáticos e utilitários que significam harmonia e universalidade através de preceitos racionais. Sobre essas definições, é importante comentar que, enquanto a moral se aproxima mais da virtude construída através dos valores e costumes de uma comunidade, a ética tem a ver com as regras de conduta estabelecidas para essa comunidade a partir de seus valores morais.

Marilena Chauí, em seu texto "*A filosofia moral*" (pág. 337 e 338 de *Convite à filosofia*), destaca que "consciência e responsabilidade são condições indispensáveis da vida ética". Em outras palavras, quanto à consciência, é importante que o indivíduo reconheça para si mesmo e para os outros a capacidade de refletir e de aceitar a igualdade, de controlar e orientar seus impulsos e de fazer escolhas entre várias alternativas. Quanto à responsabilidade, o indivíduo deve assumir suas ações e respectivos efeitos, bem como não se apropriar de ações que não lhe correspondem.

Em sua *Ética a Nicômaco*, Aristóteles defende que "nós somos o que repetidamente fazemos; a excelência moral, portanto, não pode ser representada por um ato isolado, mas sim por um hábito". Quando Aristóteles subordina a excelência moral a um hábito, ele não se restringe apenas ao sentido de repetição da virtude moral, mas sim que ela corresponde ao nível dos atos e comportamento, não apenas das idéias, ou seja, assim como o melhor músico é aquele que mais pratica, os indivíduos são mais corajosos ou covardes pelo hábito de sentir confiança ou receio, as predisposições morais são resultantes das atividades que a elas correspondem.

Especificamente, para o presente estudo pode-se concluir o seguinte:

- Moral e ética são conceitos intrinsecamente ligados e interdependentes;

- É através da conduta moral e ética que se estabelecem e se produzem os ganhos mútuos e compartilhados nos processos de negociação e venda;

- É através da conduta moral e ética que se estabelecem e se produzem os ganhos acessórios e secundários dos processos de negociação e venda;

- É também da conduta moral e ética que dependem a confiança, o desenvolvimento, a aprendizagem conjunta e as relações de longo prazo (no caso de venda, a fidelização do cliente); e

• Comportamentos surpreendentemente diferentes podem ser justificados e devem ser respeitados na medida em que estiverem ligados a costumes e culturas diferentes.

• Da mesma forma, não se justificam comportamentos antagônicos baseados na mesma cultura ou entre culturas de mesmos princípios e valores;

• Finalmente, como princípio universal aplicável a todas as situações, NÃO DEVEMOS FAZER PARA OS OUTROS AQUILO QUE NÃO QUEREMOS PARA NÓS.

Reflexões sobre o caso

Parece-nos que entre os nossos personagens, Dácio foi o que enfrentou questões de moral e ética em grau mais elevado de complexidade. Sendo este um assunto difícil e polêmico, lançamos algumas questões para a reflexão do leitor estudioso:

- Podemos (ou devemos) introduzir ou apelar para questões éticas em uma situação de guerra?

- Uma concorrência mercadológica ou disputa de interesses pode ser equiparada a uma situação de "guerra"? Como introduzir a questão ética nesse caso?

- Como definir limites éticos?

2. CONHECIMENTO: AS TRÊS DIMENSÕES

2.1. Primeira dimensão

Autoconhecimento

A primeira questão que surge sobre "autoconhecimento" em um trabalho deste gênero é: "Qual a sua aplicabilidade e a sua importância para se obter sucesso em processos de negociação e de venda?". A segunda questão bem que poderia ser: "Como adquirir o autoconhecimento necessário para obter sucesso em processos de negociação e de venda"?

Existe não apenas uma, mas várias explicações para a primeira questão. A mais importante é que o autoconhecimento é a condição mais eficaz para a obtenção do autocontrole e do equilíbrio, condições essenciais e indispensáveis para um bom desempenho nos processos que estudamos. Outra razão é que utilizamos os nossos paradigmas e preferências como referências básicas para interpretar o comportamento alheio, de maneira que, quanto mais um indivíduo se conhece, mais firmes são os seus parâmetros para conhecer os outros. Mais uma razão: é através do autoconhecimento que se estabelece a necessária prioridade entre valores e interesses, definindo quais opções devem ser escolhidas ou concedidas em primeiro lugar. Também é a partir do conhecimento desses valores que se podem identificar ganhos paralelos, secundários e complementares que compensem concessões indispensáveis. É através do autoconhecimento, que inclui o conhecimento dos próprios desejos, que se pode elaborar um plano de vida futuro exeqüível e, portanto, conduzir as atitudes para essa visão. Finalmente, o autoconhecimento contribui para o equilíbrio emocional, para a serenidade, para a redução e o controle da ansiedade e para o desenvolvimento da competência de saber agir sob condições de alta pressão.

A segunda questão, sobre como adquirir autoconhecimento, também poderia ser abordada a partir de diversas metodologias e técnicas. A psicanálise, por exemplo, seria talvez a mais eficaz, apesar de ser um processo de longo prazo. Claro que a partir do momento em que é iniciada, a psicanálise pode registrar avanços através do tempo e seria, sem dúvida, o processo mais profundo. Existem também diversos tipos de testes psicológicos para definição de preferências e perfil pessoal de comportamento. Além desses instrumentos, também se pode trabalhar com terapias individuais e grupais, grupos de estudos específicos, programas de comunidades de interesses e estudos comparativos de casos e experiências (você pode, por exemplo, realizar um exercício de *role playing*, colocando-se no lugar dos personagens do nosso estudo de caso, e refletir sobre diferenças e semelhanças atitudinais entre você e eles e também sobre as possíveis diferenças nos resultados das negociações). Vale ter em mente que todos esses métodos requerem não só reflexão, mas trabalho. Mais do que isso, coragem para aceitar a própria realidade.

Além da idéia do *role playing*, uma maneira simples e descontraída de iniciar um programa de autoconhecimento seria fazer a si mesmo algumas perguntas como as sugeridas a seguir:

- Quais são os meus hábitos?
- Quais são as minhas preferências?

- Quais são os meus valores e crenças?
- Quais são os diversos papéis que desempenho na vida?
- Qual é a relação entre os meus valores e crenças, os meus hábitos e os papéis que desempenho?
- Quais são minhas qualidades e meus defeitos?
- Como e com quem posso me comparar?
- Através de que comportamentos eu me sinto melhor?
- O que espero da vida para o meu futuro?
- Como as minhas relações interpessoais e sociais interferem em tudo isso (família, amigos, parceiros)?

Também é possível exercitar o autoconhecimento tentando identificar-se com uma lista de atributos e comportamentos agrupados e classificados em algumas categorias opostas, por exemplo:

SITUAÇÃO		OPOSIÇÃO	
Categoria	**Atributos**	**Categoria**	**Atributos**
Introversão	Reservado Reflexivo Contido	Extroversão	Expressivo Amigável Sociável
Praticidade	Específico Processual Concreto	Criatividade	Imaginativo Visionário Generalista

SITUAÇÃO		OPOSIÇÃO	
Categoria	**Atributos**	**Categoria**	**Atributos**
Estruturação	Organizado Controlado Conclusivo	Flexibilidade	Flexível Livre Aberto
Análise	Racional Lógico Justo	Crença	Emocional Harmonioso Pessoal

Esses métodos ajudam a refletir, mas não é possível assegurar a exatidão deles; além do que, ao longo do tempo, as pessoas podem mudar sua maneira de sentir, de perceber e de interpretar.

Na seqüência, você encontrará um teste prático que pode auxiliá-lo tanto no autoconhecimento como nos processos de negociação e venda. Trata-se de uma auto-avaliação que ajuda a identificar o seu estilo predominante de negociar e vender e também o seu perfil de comportamento. Mais tarde, os detalhes sobre a elaboração do teste serão aprofundados, mas podemos adiantar que ele se baseia nas categorias Introversão-Extroversão e Emoção-Razão.

2.1.1. Teste de estilos e perfil de comportamento

Na tabela a seguir, você vai encontrar 36 linhas contendo dois adjetivos que representam comportamentos típicos. Comparando os dois adjetivos de cada linha, escolha e marque aquele que melhor corresponde a seus hábitos e atitudes. Você não pode deixar nenhuma linha sem resposta, ainda que o adjetivo não seja efetivo para o seu caso e represente apenas uma tendência.

Linha	Adjetivo		Adjetivo	
1	Independente		Confiável	
2	Ágil		Ouvinte	
3	Transparente		Estável	
4	Sociável		Receptivo	
5	Autêntico		Simples	
6	Cativante		Tranqüilo	
7	Cuidadoso		Controlado	
8	Pensativo		Equilibrado	
9	Ponderado		Diplomático	
10	Adaptável		Idealista	
11	Reservado		Minucioso	
12	Tolerante		Planejador	
13	Competitivo		Analítico	
14	Decidido		Leal	
15	Original		Perfeccionista	
16	Aberto		Preciso	
17	Estimulador		Sensível	
18	Otimista		Sistemático	
19	Lógico		Simpático	
20	Organizado		Persuasivo	

21	Profundo		Inspirado	
22	Comprometido		Animado	
23	Paciente		Demonstrativo	
24	Gentil		Desembaraçado	
25	Corajoso		Espirituoso	
26	Franco		Espontâneo	
27	Objetivo		Comunicativo	
28	Alegre		Justo	
29	Habilidoso		Ativo	
30	Influente		Enérgico	
31	Detalhista		Confiante	
32	Persistente		Dinâmico	
33	Respeitoso		Empreendedor	
34	Amigável		Seguro	
35	Generoso		Produtivo	
36	Sereno		Diretivo	

Para classificar as suas escolhas e iniciar a interpretação do teste, transfira todas as suas respostas (marcas) para a tabela a seguir, respeitando suas respectivas posições em cada linha. As abreviaturas presentes na próxima tabela correspondem aos estilos Diretivo, Comunicativo, Sistemático e Diplomático.

Linha	Adjetivo		Adjetivo	
1	Dir		Dip	
2	Dir		Dip	
3	Dir		Dip	
4	Com		Dip	
5	Com		Dip	
6	Com		Dip	
7	Sis		Dip	
8	Sis		Dip	
9	Sis		Dip	
10	Dip		Sis	
11	Dip		Sis	
12	Dip		Sis	
13	Dir		Sis	
14	Dir		Sis	
15	Dir		Sis	
16	Com		Sis	
17	Com		Sis	
18	Com		Sis	
19	Sis		Com	
20	Sis		Com	

21	Sis		Com	
22	Dip		Com	
23	Dip		Com	
24	Dip		Com	
25	Dir		Com	
26	Dir		Com	
27	Dir		Com	
28	Com		Dir	
29	Com		Dir	
30	Com		Dir	
31	Sis		Dir	
32	Sis		Dir	
33	Sis		Dir	
34	Dip		Dir	
35	Dip		Dir	
36	Dip		Dir	

Como próximo passo, some quantas respostas você assinalou em **Dir, Com, Sis e Dip** e lance as quantidades nos campos correspondentes da matriz (não se esqueça de considerar as duas colunas e verificar se a soma dos números lançados na matriz é 36).

Sis	Dir
________________	________________
Dip	Com
________________	________________

2.1.2. Estilos de comportamento

Com a colocação dos números na matriz, a etapa de respostas está concluída. Vamos agora para a interpretação. Primeiramente devemos estudar as categorias que compõem os dois eixos da matriz: Introversão-Extroversão no eixo das abscissas e Emoção-Razão no eixo das ordenadas.

- **Introversão**: (Verter para dentro) Comportamento que se caracteriza pelo maior interesse por experiências íntimas, idéias e sentimentos do que por fatos externos, objetos ou outras pessoas;

- **Extroversão**: (Verter para fora) Ao contrário da introversão, corresponde ao maior interesse pelos fatos externos, naturais ou sociais do que pelas experiências íntimas, idéias e sentimentos;

- **Emoção**: Caracteriza comportamentos que consideram, em primeiro lugar, o impacto psicológico que suas ações podem causar nas pessoas; e

• **Razão:** Comportamentos que priorizam o raciocínio, a comparação e o julgamento baseados em fatos e em dados lógicos, geralmente mensuráveis.

Para facilitar a caracterização dos estilos, atribuímos a cada um deles um nome:

- Diretivo - estilo que mescla extroversão com razão;
- Comunicativo - mescla extroversão com emoção
- Sistemático - mescla introversão com razão; e
- Diplomático - mescla introversão com emoção.

Dessa maneira, a matriz pode ser complementada com as seguintes informações (coloque também os valores de sua avaliação):

	Introversão	Extroversão
Razão	Sistemático __________	Diretivo __________
Emoção	Diplomático __________	Comunicativo __________

Caracterização dos estilos de comportamento

Diretivo: Este estilo se caracteriza pelo comportamento prático e ágil de quem sabe o que quer. É próprio de pessoas dinâmicas, decididas, obstinadas e independentes, que gostam de mudanças e apresentam elevado grau de liderança inata. As pessoas que têm o estilo diretivo como predominante são transparentes, francas e motivadoras, buscam sempre a justiça em suas atitudes e decisões e não gostam de cometer erros.

Como **negociadores** e **vendedores**, além dessas características, as pessoas com estilo diretivo têm e apresentam expectativas claras, são hábeis avaliadores das situações, reagem de maneira rápida e objetiva e são orientadas para resultados, por isso, são excelentes "fechadores" de negócios.

A **exacerbação** do estilo diretivo pode levar a pessoa a um comportamento impositivo, tirânico e dominador, tendendo a radicalizar-se em posições fechadas, chegando, às vezes, a ser ameaçadora e agressiva.

A **falta** ou escassez de características deste estilo conduz a pessoa a um comportamento tímido, moderado e despretensioso, revelando a sua condição de pouco exigente e precavida demais.

Comunicativo: É o estilo estimulante e inspirador justamente por ser emotivo, demonstrativo, contagiante e de bom humor. Próprio de pessoas amigáveis, divertidas e espontâneas que, além de autênticas, sabem reconhecer os atributos e as qualidades das outras pessoas. Quem tem este estilo como predominante gosta de ser reconhecido e teme a rejeição.

Como NEGOCIADORES e VENDEDORES, além dessas características, as pessoas com estilo comunicativo são influentes e persuasivas, inspirando energia e segurança; sabem reconhecer erros e, por isso, o ato de recomeçar não significa sacrifício para elas. Por sua habilidade social, brilho e criatividade, essas pessoas são excelentes para trabalhar em situações de relacionamento interpessoal intenso e para "abrir negócios".

A EXACERBAÇÃO desse estilo pode levar a um comportamento sedutor, baseado em elogios sem fundamentos e destaques para aspectos positivos ilusórios. Também pode enveredar para o reconhecimento de falhas inexistentes, descrença, manipulação e falsidade.

A FALTA ou escassez de características deste estilo conduz a pessoa a um comportamento sério e desconfiado, tornando-a investigativa e realista com tendências ao pessimismo.

SISTEMÁTICO: É um estilo profundo, caracterizado por um comportamento discreto, analítico, filosófico, idealista, sensível e cuidadoso. As pessoas com este estilo predominante são minuciosas, organizadas e econômicas. Apresentam pensamento lógico e querem tudo certo, por isso, se sentem melhor quando as relações se baseiam em regras claras e não apresentam conflitos e problemas.

Como NEGOCIADORES e VENDEDORES, além dessas características, as pessoas com estilo sistemático são capazes de produzir argumentos, sugestões e propostas muito criativos e ricos na ponderação e na análise. Por isso, são excelentes para conduzir aspectos técnicos e contratuais do processo.

A EXACERBAÇÃO do estilo sistemático costuma levar a pessoa a um comportamento rígido, desconfiado, indiferente, obsessivo e mesquinho, podendo produzir argumentos estéreis, utilizados como armadilha para enfrentamento.

A **FALTA** ou escassez de características deste estilo conduz a pessoa a um comportamento independente e obstinado, podendo, às vezes, mostrar-se desafiadora e teimosa.

DIPLOMÁTICO: Este estilo caracteriza-se por um comportamento gentil e paciente, apoiado na calma, na equanimidade e no equilíbrio. As pessoas com este estilo predominante são deliberadas, coerentes, compreensivas, observadoras e amáveis. Por isso, são também de fácil e agradável convivência. Essas pessoas optam por buscar ou produzir segurança e estabilidade, não se sentindo confortáveis diante de mudanças.

Como **NEGOCIADORES** e **VENDEDORES**, além dessas características, as pessoas com estilo diplomático apresentam competência superior para escutar, avaliar, reconhecer e respeitar a opinião dos outros; sabem comprometer-se com o processo, oferecendo apoio e buscando pontos de convergência. São excelentes em acompanhamento, suporte e atenção às pessoas e à execução dos acordos.

A **EXACERBAÇÃO** do estilo diplomático pode levar a pessoa a um comportamento passivo, concessivo e, às vezes, de auto-negação. Precisa reformular constantemente suas idéias e, por isso, deixa de expressar-se buscando acordos a qualquer custo.

A **FALTA** ou escassez de características deste estilo conduz a pessoa a um comportamento ativo demais, inquieto e impetuoso, revela alto grau de impulsividade e instabilidade.

2.1.3. Perfil de comportamento

Até este momento, cada um dos estilos foi estudado separadamente. Entretanto, é muito importante considerar que nenhuma pessoa pode comportar-se de uma única maneira durante todo o tempo, tanto que, no teste, um único estilo pode somar no máximo 50% do total dos pontos. Isto significa que a pessoa pode alternar o seu comportamento entre diversos estilos, tendendo àqueles que são mais predominantes. Essa alternância dependerá das circunstâncias, dos tipos de estímulos que receber, dos seus paradigmas, preferências, percepções, motivações, expectativas e habilidades. A essa variação de estilos dá-se o nome de **PERFIL DE COMPORTAMENTO**.

Uma pessoa pode, por exemplo, ter o tipo "comunicativo" como predominante; entretanto, sob pressão de uma decisão importante, apresentar características do estilo "sistemático". Mas ainda pode-se inferir que as tendências são muito marcantes, as pessoas agem muito mais vezes de acordo com seus estilos predominantes e menos vezes conforme os demais estilos.

Existem duas maneiras básicas de se compor um perfil de comportamento: comparação por **CATEGORIAS** e comparação por **ESTILOS**. Para facilitar a análise, será utilizado o exemplo de uma pessoa que, após responder ao teste, apresentou os seguintes resultados:

Razão = 16	Sistemático 13	Diretivo 3
Emoção = 20	Diplomático 16	Comunicativo 4
	Introversão - 29	Extroversão - 7

Análise de perfil de comportamento por categoria

Veja que, somados os pontos de cada categoria, destaca-se o seguinte: na categoria introversão-extroversão, a soma dos pontos dos estilos relativos a introversão foi de 29 contra 7 na coluna extroversão. Isso mostra tratar-se de uma pessoa destacadamente introvertida, que prefere buscar energia em seu interior e que, para atender a necessidades externas e sociais em um processo de negociação ou de venda, terá que se esforçar bastante. Essa preferência é o que a caracteriza em seu ambiente. Na categoria emoção-razão, entretanto, se constata que a diferença não é tão grande, de 20 para 16, o que significa que essa pessoa irá alternar-se mais facilmente entre os atributos dessa categoria, não sendo reconhecida por uma ou outra posição. Faça alguns exercícios de análise, modificando os números da matriz (sempre mantendo 36 como resultado da soma), e você irá observar que, pela proposta deste teste, quanto mais alguém se destaca em uma categoria, mais difícil é se diferenciar pela outra, como no exemplo apresentado anteriormente. Ao mesmo tempo, caso aconteça uma **APROXIMAÇÃO** entre os valores das categorias, estará ocorrendo um desses dois fenômenos:

Aproximação por igualdade

Razão = 18	Sistemático 9	Diretivo 9
Emoção = 18	Diplomático 9	Comunicativo 9
	Introversão - 18	Extroversão - 18

Razão = 17	Sistemático 9	Diretivo 8
Emoção = 19	Diplomático 10	Comunicativo 9
	Introversão - 19	Extroversão - 17

Aproximação por estilos opostos

Razão = 18	Sistemático 15	Diretivo 3
Emoção = 18	Diplomático 3	Comunicativo 15
	Introversão - 18	Extroversão - 18

Razão = 19	Sistemático 4	Diretivo 15
Emoção = 17	Diplomático 14	Comunicativo 3
	Introversão - 18	Extroversão - 18

Em ambos os casos se recomenda que o teste seja refeito, pois são casos controvertidos e difíceis de aparecer. As causas dessa ocorrência podem ser as seguintes:

- Não entendimento dos significados dos adjetivos;
- Erro na transferência das respostas ou na contagem dos pontos;
- Tentativas de buscar respostas baseadas em ideais, e não com base no comportamento real;
- Escolhas muito elaboradas dos adjetivos, tentando "compor" um perfil (o que remete ao item anterior).

Análise de perfil de comportamento por estilo

Este modelo permite uma variação na análise com base em um gráfico de perfil. Utilizando o mesmo exemplo da primeira análise por categoria, a representação gráfica seria a seguinte:

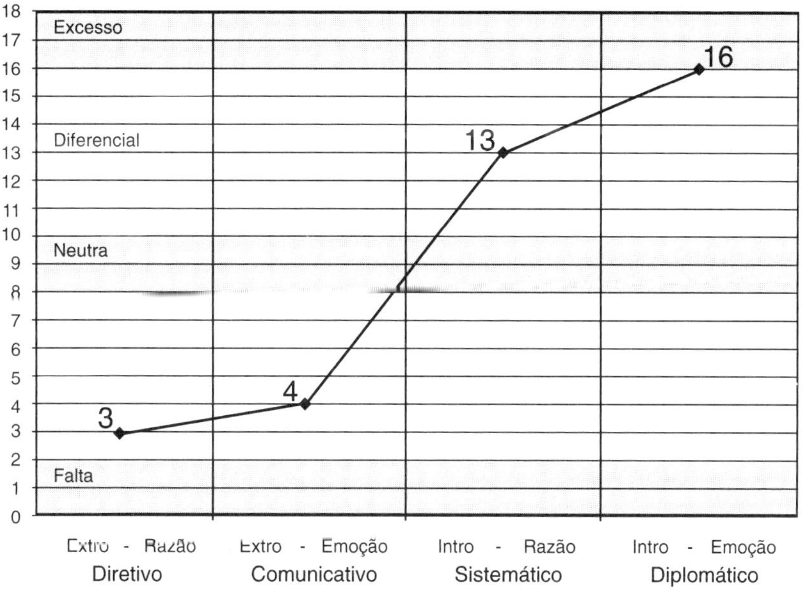

Fig. 6 – Perfil de comportamento

Também neste tipo de análise gráfica é possível constatar a prevalência de introversão e a ênfase no estilo diplomático, acompanhada de perto pelo sistemático. Pode-se dizer que essa pessoa comportar-se-á, na maioria das vezes, de acordo com um dos dois estilos e o que irá definir sua opção será o tipo de estímulo que receber. Por exemplo, se estiver confortável em uma reunião de família, provavelmente será diplomática; porém, se estiver sob pressão, necessitando tomar uma decisão importante, tenderá ao estilo sistemático. Por outro lado, a baixa pontuação nos estilos extrovertidos pode sinalizar uma tendência à timidez, despretensão e excesso de precaução, além de uma possível insegurança.

O gráfico também facilita a interpretação relativa ao nível de cada estilo. Quando houver EXCESSO de pontuação em um determinado estilo – acima de 16 pontos –, a pessoa em questão corre o risco de apresentar dois tipos de comportamento: a exacerbação, definida no capítulo anterior, ou uma reação invertida, ou seja, negando suas principais características. No campo diferencial, situado entre 11 e 16 pontos, se posicionam os estilos que caracterizam e diferenciam seus portadores em seus ambientes e contextos. No caso do exemplo, certamente a pessoa é conhecida em suas relações interpessoais como sendo diplomática e sistemática: atenciosa, respeitadora e amável. A zona neutra é apenas uma demarcação para destacar a aproximação por igualdade, estudada na análise por categoria, pois a neutralidade de um estilo também se insere no campo entre 3 e 10 pontos, onde a presença discreta do estilo não caracteriza o indivíduo em seu grupo, além disso, quanto mais baixa a pontuação, mais o indivíduo irá evitar esse comportamento, dele lançando mão somente em circunstâncias de absoluta inevitabilidade. A zona de falta ou escassez – até 2 pontos – pode levar a pessoa a apresentar os comportamentos citados na definição dos estilos ou a paralisar-se diante de uma demanda mais incisiva. Seguem os gráficos de aproximação por igualdade e por estilos opostos:

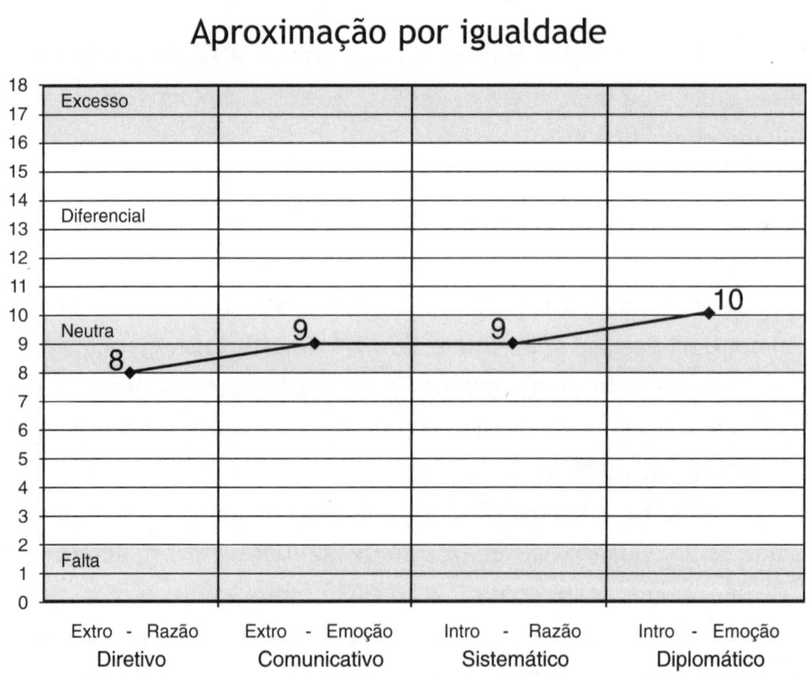

Fig. 7 – Perfil de comportamento – Aproximação por igualdade

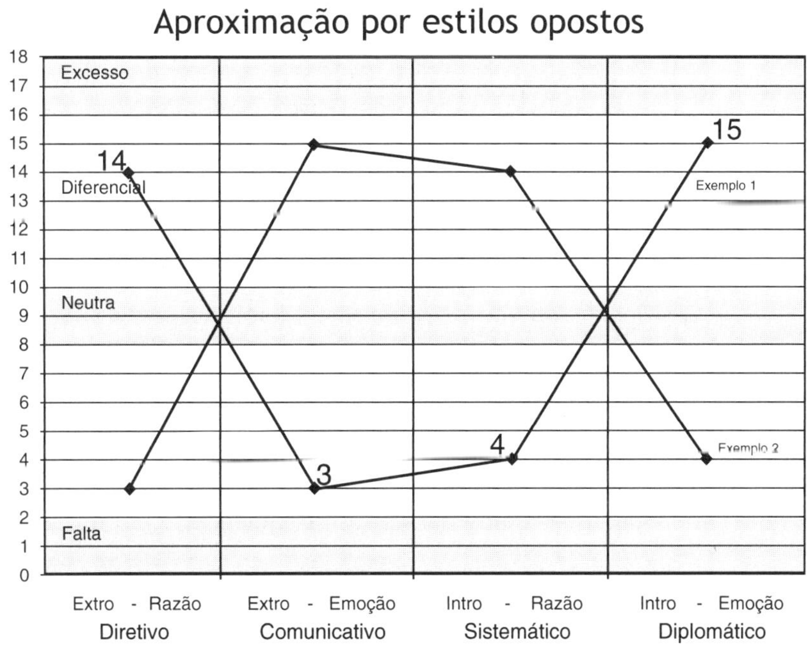

Fig. 8 – Perfil de comportamento – Aproximação por estilos opostos

Para encerrar esta reflexão sobre autoconhecimento, gostaria de fazer três observações importantes:

- O interesse de desvendar o caráter, a personalidade, o temperamento ou o comportamento do ser humano remonta a seis séculos antes de Cristo, quando Ezequiel já utilizava a classificação de quatro tipos. Depois disso, pensadores como Hipócrates, Platão e Aristóteles também nos deixaram contribuições nessa área. Mais contemporâneos foram Jung, Marston, Myers e Keirsey. Apesar de todo esse tempo e toda essa contribuição conceitual, o tema continua – e continuará sempre – surpreendente e sedutor, enquanto surpreendentes e sedutoras forem as relações entre as pessoas e a própria vida.

- Portanto, deve-se considerar que tanto os métodos sugeridos como os testes realizados revelam MOMENTOS. Diante da dinâmica da vida e das constantes mudanças que experimentamos, os resultados também podem se modificar; por isso, devem servir apenas como um guia a mais, e não como referência única ou um diagnóstico fechado.

- Seria indicado voltar ao início do capítulo e reler as duas questões fundamentais e suas respectivas respostas. Isto serviria para uma ligação útil entre todos os conceitos que foram abordados e suas aplicações técnicas, ou seja, quando o indivíduo se conhece melhor, pode potencializar as suas qualidades e compensar as suas deficiências para obter um resultado efetivamente auspicioso em suas atividades de negociação e venda.

Reflexões sobre o caso

Aplique virtualmente o teste de estilos e perfil de comportamento aos personagens do nosso estudo de caso, atribuindo a cada um deles os possíveis adjetivos listados que correspondam às suas características explícitas. Em seguida, analise os resultados e tente descobrir o estilo dominante e o perfil de comportamento de cada um. Ainda que a análise possa parecer parcial ou superficial, será um primeiro indicador.

Trata-se de um exercício que um bom profissional de negociação e venda deverá praticar constantemente ao relacionar-se com seus interlocutores.

2.2. Segunda dimensão

Os interlocutores e suas expectativas

Da mesma forma como foi iniciado o capítulo anterior sobre autoconhecimento, este capítulo também se inicia com duas questões fundamentais, aliás, as mesmas questões: "Qual a aplicabilidade e a importância de conhecer bem os interlocutores e as suas expectativas para obter sucesso em processos de negociação e de venda?" e "Como adquirir esse conhecimento e como utilizá-lo para obter sucesso em processos de negociação e venda?".

Pois bem, continuamos falando de pessoas, de caráter, personalidade, temperamento e comportamento. Sendo assim, a resposta para a primeira questão seria a seguinte: se o sucesso de um processo de negociação corresponde a um **ACORDO** bem feito e o sucesso de uma venda à **SATISFAÇÃO** e **À FIDELIZAÇÃO** do cliente, é óbvio que não há como isso acontecer sem que se saiba quais são as expectativas dele, cliente. Principalmente quando se pondera que, por detrás de qualquer atividade sempre existe um ser humano que é, ao mesmo tempo, a referência e a razão dessa atividade. Por outro lado, assim como ocorre no autoconhecimento, é através do conhecimento das expectativas dos interlocutores que se podem identificar seus valores e interesses e entender suas prioridades. Por esse caminho, também é possível identificar seus possíveis ganhos paralelos, secundários e complementares e sugerir projetos de desenvolvimento conjunto e para o futuro. Finalmente, às vezes, as expectativas primárias são interpretadas sem uma base sólida de informações e, por causa disso, devem ser reavaliadas quando compuserem um contexto melhor definido.

A segunda pergunta tem uma resposta simples e objetiva: observar. É através da observação ativa e constante que se obtém o conhecimento necessário sobre as expectativas dos interlocutores. Mas o que significa observação ativa? É um processo cíclico, extremamente eficaz, que se compõe de três etapas fundamentais: pesquisar, que implica saber ouvir, saber perguntar e novamente saber ouvir, sempre com interesse genuíno e diligência; praticar empatia, que implica colocar-se no lugar da outra pessoa e experimentar a sua situação para compreendê-la melhor; e analisar, ou seja, refletir sobre as informações recebidas e as experiências vividas no lugar da outra pessoa. Vale reforçar a idéia de que a observação ativa deve ser constante e cíclica para assegurar a atualização dos conhecimentos sobre interesses, valores, expectativas e prioridades dos interlocutores.

2.2.1. Identificação dos interlocutores

Já que no capítulo anterior sobre "autoconhecimento" foi trabalhada a idéia de estilos e perfis de comportamento e se acumulou algum aprendizado, serão aproveitados os mesmos conceitos como técnica-base para conhecer melhor aquele com quem é necessário tratar. É claro que nem sempre se pode iniciar um relacionamento solicitando à outra pessoa que responda a um teste ou preencha uma planilha; portanto, é preciso estabelecer um método específico de observação que permita identificar, se não o completo perfil de comportamento, pelo menos o estilo atuante da pessoa naquele momento.

Iniciando pelas categorias, introversão-extroversão e emoção-razão, no caso de contato presencial, o fluxo mais eficaz é o seguinte: primeiro observe se a pessoa tende à introversão ou à extroversão e, em seguida, se ela tende à emoção ou à razão, definindo, então, o seu estilo pessoal, ou seja:

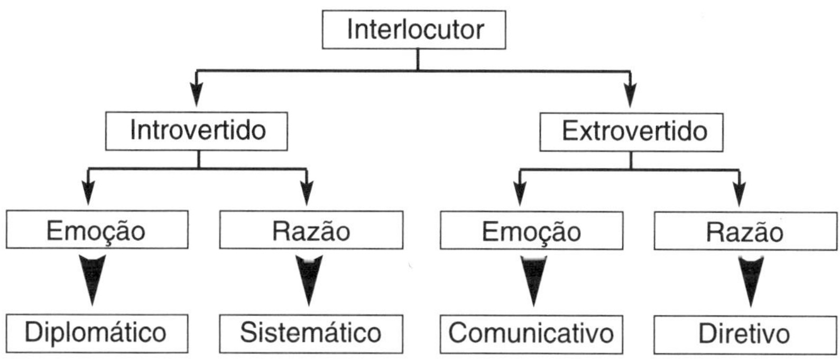

Fig. 9 – Fluxo de análise de estilo pessoal – Introvertido/Extrovertido

No caso de contato não presencial, ou seja, por telefone, e-mail ou outras correspondências, também é possível começar pela categoria introversão-razão. Porém, é mais eficaz iniciar pela categoria emoção-razão, conforme o seguinte esquema:

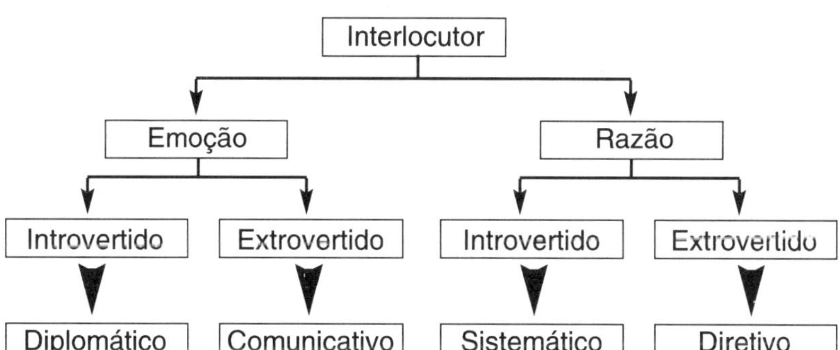

Fig. 10 – Fluxo de análise de estilo pessoal – Emoção/Razão

A seguir são apresentadas algumas sugestões objetivas de observação para se identificar, direta ou indiretamente, cada um dos estilos por meio do comportamento inicial, baseado nas categorias. Considere que você tem apenas alguns instantes para a primeira observação e que o observado pode mudar ou alternar suas ações.

INTROVERTIDO (sistemático e diplomático): Em um **ENCONTRO PESSOAL**, observe que o introvertido apresenta movimentos mais lentos e de pequena extensão, tem uma expressão receptiva e serena, escuta com atenção, tem paciência e espera por sua vez para se manifestar. Por **TELEFONE** não é possível observar seus movimentos e expressão, mas é possível observar que, além de saber esperar e escutar, sua voz é calma e tenderá a falar pouco e mais devagar. Por **CORRESPONDÊNCIA**, considerando que a elaboração é da própria pessoa, você irá observar maior acuidade na redação, textos mais elaborados, parágrafos maiores e abertura para que se estabeleça ou continue o diálogo.

EXTROVERTIDO (diretivo e comunicativo): Ao contrário do introvertido, você vai notar que o extrovertido em **CONTATO PESSOAL** se apresenta mais dinâmico e energético, com movimentos mais amplos e mais rápidos, aspecto facial mais expressivo e tende a falar primeiro e a falar mais. Por **TELEFONE**, sua voz será vibrante e de maior volume, tenderá a falar primeiro, a falar mais e mais rapidamente. Sua **CORRESPONDÊNCIA** é caracterizada por textos mais curtos, diretos e objetivos, muitas vezes tendendo à informalidade.

EMOÇÃO (comunicativo e diplomático): Independentemente da introversão ou da extroversão, do contato pessoal, por telefone ou por correspondência, as pessoas mais emocionais demonstram mais interesse em assuntos relativos às outras pessoas, às relações humanas, a eventos sociais, artes, cultura, natureza, psicologia, filosofia, religião e temas desse tipo. Também estão sujeitas a emocionar-se mais facilmente e são predispostas a investir mais tempo em atividades e assuntos dessa natureza.

Razão (diretivo e sistemático): Também independentemente do tipo de contato, mas ao contrário dos emocionais, os estilos racionais tendem a priorizar dados e fatos mensuráveis e comprováveis, gostam de informações profundas, bem organizadas, claras e objetivas, assim as oferecem e assim gostam de recebê-las. Sempre partindo desse pressuposto é que formularão tanto as suas perguntas como as suas respostas.

Uma vez identificados os estilos dos interlocutores, é chegada a hora de estabelecer uma idéia inicial sobre que tipos de expectativas e motivações correspondem a cada um deles. Para isso, efetuamos uma pesquisa no final da década de 1990, que vem sendo atualizada permanentemente, na qual os indivíduos que realizam o teste para definição do perfil pessoal indicam, antes do teste, quais são as suas expectativas em relação a processos profissionais e comerciais e o que as motiva mais.

2.2.2. Estudo das expectativas

Em princípio, **expectativa** é o que a pessoa espera que aconteça, mas trata-se do verbo esperar no sentido de ter esperança, ou seja, expectativa é também aquilo que ela gostaria que acontecesse. Na pesquisa que foi realizada, surgiram inúmeros itens que podiam representar o conjunto de expectativas de cada estilo, mas, para facilitar a aplicação técnica e prática desse levantamento, esses itens foram classificados e ordenados, destacando-se os cinco primeiros de cada estilo, conforme apresentado na tabela a seguir:

Estilo	Principais expectativas
Diretivo	1. Objetividade 2. Transparência 3. Agilidade 4. Praticidade 5. Exclusividade
Comunicativo	1. Tratamento amistoso 2. Reconhecimento 3. Dedicação 4. Bom humor 5. Segurança
Sistemático	1. Organização 2. Profundidade 3. Seriedade 4. Pontualidade 5. Discrição
Diplomático	1. Segurança 2. Harmonia 3. Tratamento amistoso 4. Discrição 5. Conforto

Nesta tabela pode-se observar que algumas das mais significativas expectativas de um estilo também foram escolhidas por outros como "Tratamento amistoso", "Segurança" e "Discrição". Por certo, outras ainda poderiam se compatibilizar com mais de um estilo. Buscando esclarecer essas interseções e a descoberta de expectativas mais comuns, foram realizadas discussões com grupos de foco e observou-se que existem algumas expectativas que são comuns a todos os estilos e que, portanto, poderiam ser tratadas como premissas e ponto de partida em qualquer processo de negociação e venda. São elas: **Honestidade** no sentido amplo da palavra, como por exemplo, cumpridor, credível, confiável. Honestidade de ser, sentir e contar, de não ter medo nem vergonha daquilo em que acredita, e mais, de ter coragem de mudar caso uma nova porta se abra ou um novo horizonte se descortine com algo mais convincente para o momento. **Conduta ética** a partir de valores e princípios morais aceitos socialmente e culturalmente. **Respeito**, também no sentido amplo de aceitar a diversidade, de tratar os demais com boa educação e polidez, com consideração, acatamento e justiça.

Para facilitar a utilização prática dos conhecimentos adquiridos nesta etapa, foi consolidado o seguinte esquema:

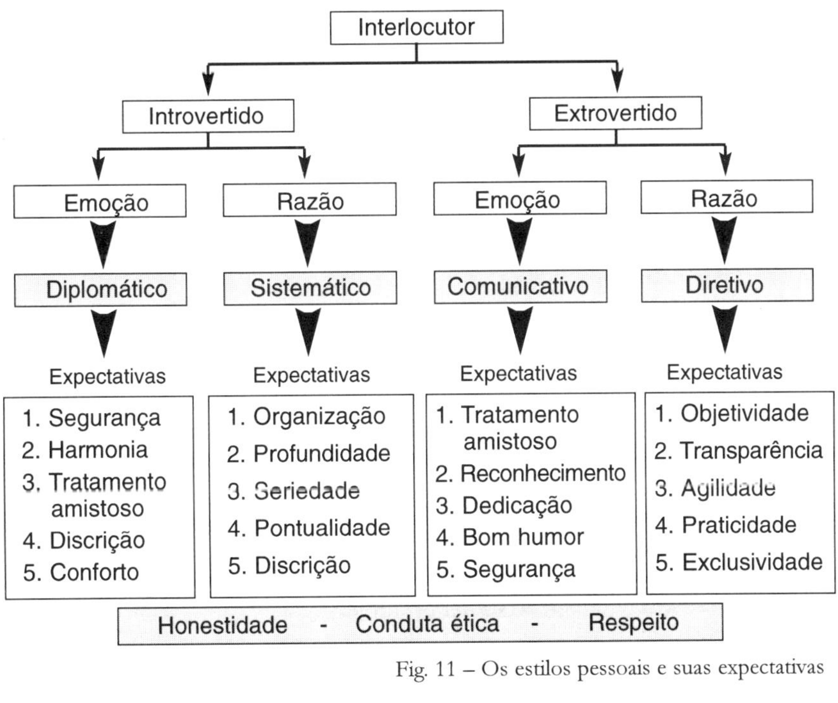

Fig. 11 – Os estilos pessoais e suas expectativas

2.2.3. Estudo das motivações

Acabamos de tratar especificamente da questão relativa a expectativas, que tem a ver com probabilidades, com aquilo que os interlocutores esperam que aconteça. Existe, entretanto, uma outra questão que deve ser observada: a motivação dessas pessoas associada ao estilo, ao perfil de comportamento. Trata-se daquilo que as move com mais intensidade; dos motivos que elas reconhecem como válidos para alcançar um melhor desempenho; daquilo que as encoraja e, em uma dimensão mais intensa, daquilo que elas necessitam e que justificam suas ações nos processos dos quais participam.

Na mesma pesquisa citada anteriormente e também com o apoio de discussões em grupos de foco sobre as motivações mais prováveis de cada estilo, foram obtidos os seguintes resultados:

Estilo	O que mais motiva
Diretivo	1. Poder e autoridade 2. Desafios e oportunidades para melhorar 3. Novidades e variedade 4. Alcançar resultados mensuráveis 5. Bens materiais
Comunicativo	1. Reconhecimento público e social 2. Oportunidade de se expressar 3. Liberdade para agir 4. Não precisar lidar com detalhes 5. Trabalho em equipe
Sistemático	1. Referências suficientes 2. Estabelecimento prévio de padrões 3. Regras claras 4. Associação lógica 5. Oportunidade para "fazer"

Estilo	O que mais motiva
Diplomático	1. Segurança 2. Trabalhar em temas de seu domínio 3. Tempo para se adaptar às mudanças 4. Sinceridade 5. Vida familiar feliz

Também no caso das motivações, é possível identificar itens que correspondem a mais de um estilo, embora isso não esteja listado na tabela apresentada. Apesar disso, especificamente no caso da motivação, não se recomenda generalizar, pois a tendência é que os fatores motivacionais sejam individuais.

Como foi observado neste capítulo, apesar da dinâmica natural do comportamento humano, é possível utilizar alguns indicadores. Se o negociador e/ou o vendedor souberem praticar a observação ativa e identificar os seus interlocutores, agindo de acordo com suas expectativas e motivações, o primeiro resultado que poderá ser obtido é o da excelência nas relações interpessoais, harmonia e respeito, o que gera um clima favorável para que ambas as partes concluam a sua participação no processo com a convicção de agregar valores à relação. Pratique, analisando algumas pessoas conhecidas: familiares, amigos, clientes etc.

2.2.4. Resumo esquemático do capítulo

Na próxima página você encontra um resumo esquemático de todo este capítulo, classificando os estilos e apresentando as expectativas e motivações de cada um.

	Extrovertido		Introvertido	
	Razão	Emoção	Razão	Emoção
	Diretivo	Comunicativo	Sistemático	Diplomático
Motivações	1. Poder e autoridade 2. Desafios e oportunidades para melhorar 3. Novidades e variedades 4. Alcançar resultados mensuráveis 5. Bens materiais	1. Reconhecimento público e social 2. Oportunidade para se expressar 3. Liberdade para agir 4. Não precisar lidar com detalhes 5. Trabalho em equipe	1. Referências suficientes 2. Estabelecimento prévio de padrões 3. Regras claras 4. Associação lógica 5. Oportunidade de "fazer"	1. Segurança 2. Trabalhar em temas de seu domínio 3. Tempo para se adaptar às mudanças 4. Sinceridade 5. Vida familiar feliz
Expectativas	1. Objetividade 2. Transparência 3. Agilidade 4. Praticidade 5. Exclusividade	1. Tratamento amistoso 2. Reconhecimento 3. Dedicação 4. Bom humor 5. Segurança	1. Organização 2. Profundidade 3. Seriedade 4. Pontualidade 5. Discrição	1. Segurança 2. Harmonia 3. Tratamento amistoso 4. Discrição 5. Conforto
Honestidade - Conduta ética - Respeito				

Fig. 12 – Os estilos pessoais, suas expectativas e motivações

2.3. Terceira dimensão

Ambiente e contexto

A terceira dimensão daquilo que está no foco central deste estudo o conhecimento é uma dimensão composta de dois conjuntos que são referências importantes para o processo de negociação e venda: o ambiente e o contexto. Estes termos já foram utilizados como sinônimos para significar o meio onde ocorre o processo; porém, embora concordemos com a relação intrínseca entre ambos, neste trabalho eles serão tratados de maneira separada, pois, para efeito de pesquisa, análise e aquisição de conhecimentos, fica mais preciso identificar separadamente os componentes de um e outro e compreender em que níveis eles se situam. Como ponto de partida, vamos considerar "ambiente" como tudo aquilo que compõe o meio onde o processo ocorre e "contexto" o conjunto de idéias que envolve o processo e como elas se encadeiam. A figura 13 ilustra esse conceito:

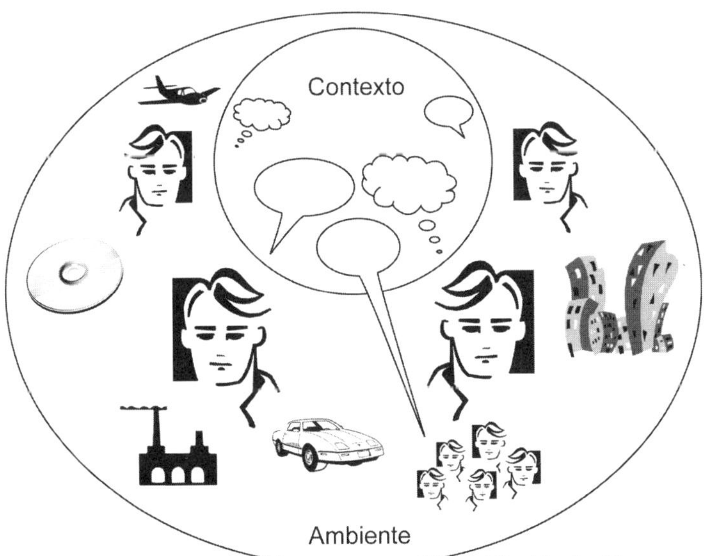

Fig. 13 - Ambiente e contexto

2.3.1. Ambiente

De maneira geral, ambiente é o que envolve alguma coisa por todos os lados, ou ainda, o meio em que se vive. Se considerarmos um processo de negociação ou de venda, podemos definir ambiente como tudo aquilo que pode afetar o processo e/ou ser afetado por ele, direta ou indiretamente. Justamente por isso, quanto mais o ambiente for conhecido pelos interlocutores melhor será o desempenho deles no processo, aumentando as chances de realização de bons acordos e boas vendas.

Os estudos de marketing consideram e conceituam dois níveis fundamentais do ambiente: o MICROAMBIENTE e o MACROAMBIENTE. O MICROAMBIENTE é aquele mais "próximo" do processo, que influi, afeta e é afetado por ele mais diretamente. De maneira geral, é constituído pelos componentes listados abaixo, podendo apresentar ainda outros componentes específicos das partes envolvidas ou das circunstâncias do processo:

- Negociadores, vendedores e compradores;
- Instituição ou empresa que representam;
- Beneficiários dos resultados do processo;
- Objeto da negociação ou venda;
- Opositores ou concorrentes; e
- Coadjuvantes ou colaboradores.

O **MACROAMBIENTE** é o ambiente mais "amplo" e "distante" que envolve o processo de negociação e venda. Essa condição, entretanto, não impede que o processo seja afetado, às vezes de maneira significativa. Mas nem sempre a recíproca é proporcional, ou seja, o macroambiente pode impactar o processo mais do que é impactado por ele. De modo geral, o macroambiente compõe os cenários em que os processos acontecem, por exemplo:

- Cenário político;
- Cenário econômico;
- Cenário tecnológico;
- Cenário cultural;
- Cenário social;
- Cenário legal;
- Cenário demográfico; e
- Cenário ecológico.

No macroambiente, além dos cenários listados acima, também pode ser necessário o estudo de cenários secundários, híbridos ou particulares às circunstâncias que envolvem o processo de negociação ou venda. Em todos os casos, devem ser destacados os aspectos específicos de um determinado setor em um determinado cenário; por exemplo, em um caso da área de saúde, um projeto de profilaxia ou de vacinação irá requerer um estudo especializado do ponto de vista da saúde sobre os cenários político, demográfico, cultural e social, entre outros que interfiram na negociação ou venda.

O esquema apresentado na figura a seguir representa graficamente os conceitos de micro e macroambientes:

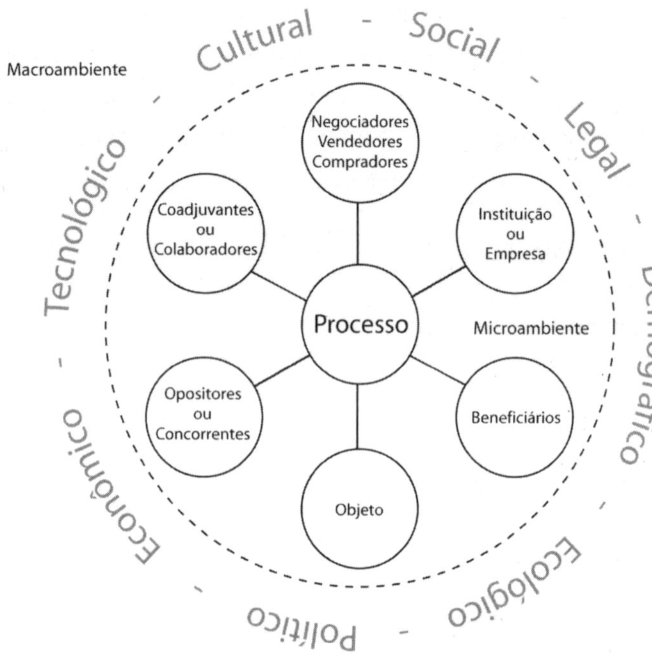

Fig. 14 – O processo e seus ambientes – Micro e macro

A seguir serão apresentados alguns casos para facilitar a compreensão deste modelo. Os itens que compõem os casos representam apenas o que há de mais comum nos processos estudados; portanto, não esgotam os exemplos possíveis para cada componente.

Caso 1: **Negociação Gerencial**: aquela que envolve as relações entre subordinados e superiores, definidas pelas normas e regulamentos das organizações e também por aspectos informais e psicossociais. É determinante para o desempenho individual, coletivo e organizacional e interfere na satisfação e realização dos indivíduos e da organização quanto aos seus objetivos e resultados.

Situação: O funcionário solicita ao seu chefe permissão para gozar suas férias no mês de janeiro, época de férias escolares e de verão no Brasil. Do ponto de vista legal, trata-se de uma realização possível, pois o funcionário já trabalhou o período aquisitivo correspondente, fazendo jus à solicitação. A sua justificativa comportamental é de que há tempos não sai de férias com seus filhos que estão em idade escolar e, neste ano, sua esposa – que também trabalha fora – obteve licença para tirar suas férias no mesmo mês. Por outro lado, o mês de janeiro é um dos meses mais ativos da empresa que trabalha justamente com turismo.

Componentes	Caracterização
Negociadores	• O funcionário interessado nas férias e seu chefe
Instituição	• Empresa da área de turismo
Beneficiários	• O próprio funcionário e sua família
Objeto	• Férias legais
Opositores	• Funcionários com objetivos semelhantes que não se manifestaram ou não obtiveram êxito em sua negociação; • Funcionários que, embora sem o mesmo objetivo de férias, terão que compensar a ausência.
Coadjuvantes cooperadores	• Departamento de Recursos Humanos; • Funcionários dispostos a compensar a ausência.
Cenário	• Fundamentalmente sociocultural

Possíveis alternativas de acordo:

a) Unilateral (os dois extremos) - a1) O funcionário cede totalmente e não tira férias em janeiro; a2) A empresa cede totalmente e o funcionário sai de férias.

b) Intermediário (entre os dois extremos) - b1) O funcionário tira apenas parte das férias; b2) O funcionário adia por alguns dias o início das férias; b3) O funcionário alterna suas férias com outro interessado no período; b4) A empresa cria uma escala, alternando pessoas e períodos, para que todos tenham igual direito.

Caso 2: **Negociação Administrativa:** envolve as relações intra e interorganizacionais que são definidas por regulamentos e ações próprias, voltadas especificamente para um determinado assunto. Os acordos e as conclusões devem ser repassados a todos os envolvidos no processo.

Situação: O departamento de crédito e cobrança de uma organização identifica a necessidade de atualizar seu cadastro e obter maior quantidade de informações sobre os clientes para reduzir o risco em suas operações. Para isso, quer implantar um novo sistema que, além de facilitar as operações de consulta, tornando as pesquisas mais produtivas, acrescentaria alguns campos que complementariam as informações atualizadas. Em seu entendimento, o departamento comercial considera que isso irá dificultar o trabalho de vendas por diversas razões: significa maior invasão em informações confidenciais dos clientes; maior volume de trabalho tanto para os clientes quanto para a equipe de vendas; e para certos clientes maiores, mais antigos e fiéis, pode representar falta de confiança, comprometendo as relações.

Componentes	Caracterização
Negociadores	• Departamento de crédito e cobrança e departamento comercial.
Instituição	• Empresa comercial;
Beneficiários	• Departamento de crédito e cobrança e, possivelmente, o próprio departamento comercial e toda a empresa, além dos clientes.
Objeto	• Sistema de informações cadastrais
Opositores	• Área comercial
Coadjuvantes cooperadores	• Outros departamentos; • Consultores e fornecedores externos.
Cenário	• Econômico, tecnológico, cultural e legal.

Possíveis alternativas de acordo:

a) Unilateral (os dois extremos) – a1) Implanta-se o novo programa conforme sugere o departamento de crédito e cobrança; a2) Não é implantado o programa conforme argumento do departamento comercial.

b) Intermediário (entre os dois extremos) - O programa é implantado respeitando um ou mais dos requisitos a seguir: b1) As informações suplementares serão colhidas pela área comercial; b2) A atualização não incluirá um grupo selecionado de clientes antigos; b3) A atualização será implantada apenas para os novos clientes; b4) As atualizações e as informações complementares sobre os atuais clientes serão efetuadas apenas quando o cliente solicitar crédito.

Caso 3: **Venda de produto** (automóvel)

Situação: Um homem de 35 anos procura uma concessionária de veículos para trocar o seu carro usado – um modelo pequeno e econômico – por um novo – maior e mais confortável (vale observar que se trata de uma venda repleta de exercícios de negociação, pois, além da significativa mudança, o cliente, ao mesmo tempo em que compra um carro novo, vende o seu usado).

Componentes	Caracterização
Vendedores/ Negociadores	• Vendedor da concessionária e o comprador do veículo novo (vendedor do usado)
Empresa	• Concessionária de veículos
Beneficiários	• O comprador do veículo novo, sua família e/ou – eventualmente – outros acompanhantes do comprador ou envolvidos com seu negócio.
Objeto	• Veículo novo (veículo usado)
Opositores	• Concorrentes da concessionária; • Pessoas que tiveram experiências negativas com a concessionária, com o vendedor ou com o mesmo tipo de veículo.
Coadjuvantes cooperadores	• A própria família; • Equipe da concessionária; • Pessoas que tiveram experiências positivas com a concessionária, com o vendedor ou com o mesmo tipo de veículo.
Cenário	• Praticamente todos os cenários citados, por se tratar de um bem durável. Entretanto, podem ser destacados os cenários econômico, tecnológico, social e legal.

Caso 4: **VENDA DE SERVIÇOS** (consultoria empresarial)

SITUAÇÃO: Uma empresa de porte médio precisa treinar sua equipe de vendas devido ao surgimento de um novo concorrente no mercado em que atua e, para isso, é necessário que sejam desenvolvidos uma pesquisa, um plano e um programa personalizado (este caso trata de uma venda entre empresas, ou seja, entre pessoas jurídicas, operação conhecida como "*business to business*").

Componentes	Caracterização
Negociadores	• Representantes da empresa e representantes da consultoria
Empresa	• Empresa comercial
Beneficiários	• Todos os profissionais que serão treinados; • Os clientes de maneira geral; • A empresa como um todo; • A própria consultoria.
Objeto	• Programa de treinamento
Opositores	• Concorrentes da empresa; • Concorrentes da consultoria; • Possíveis pessoas que não acreditam na eficácia do programa.
Coadjuvantes	• Departamento de Recursos Humanos; • Departamento Comercial; • Alguns clientes.
Cenário	• Principalmente os cenários econômico, tecnológico e cultural.

Caso 5: **Corretagem imobiliária**

Situação: Um casal em vésperas de seu casamento procura um apartamento para comprar. Desejando iniciar essa nova etapa de vida, opta por um imóvel pequeno, prático e localizado em área central, que facilita o deslocamento de ambos para seus respectivos locais de trabalhos.

Componentes	Caracterização
Negociadores	• Corretor e o casal
Empresa	• Imobiliária
Beneficiários	• O próprio casal
Objeto	• Apartamento pequeno localizado em área central
Opositores	• Concorrentes da imobiliária; • Outros interessados no mesmo imóvel; • Instituições financeiras e/ou legais (bancos e cartórios); • Possíveis parentes e vizinhos
Coadjuvantes cooperadores	• Instituições financeiras e/ou legais (bancos e cartórios); • Possíveis parentes e vizinhos.
Cenário	• Principalmente os cenários econômico, social, cultural, legal e demográfico.

Mais casos: Além de podermos estudar alguns casos que sejam do nosso conhecimento geral, neste ponto podemos também aproveitar o nosso caso de abertura: "Faltou xícara em Bagdá".

O que pesquisar sobre cada componente do ambiente

A tabela a seguir sugere o mínimo de conhecimento necessário sobre cada componente do micro e do macroambiente para a obtenção de êxito no processo de negociação e/ou de venda:

<table>
<tr><th></th><th>Componentes</th><th>Pesquisar</th></tr>
<tr><td rowspan="3">Microambiente</td><td>Negociadores, vendedores e compradores</td><td>1. Estilo pessoal e respectivas expectativas e motivações (vide capítulo 2.2)
2. Origem, sexo e idade
3. Formação acadêmica
4. Experiência profissional
5. Hábitos e preferências socioculturais (artes, esportes, eventos sociais etc.)
6. Principais necessidades
7. Principais interesses específicos</td></tr>
<tr><td>Instituição ou empresa que representam</td><td>1. Porte (número de funcionários, faturamento, capacidade de produção)
2. Ramo de atividade
3. Setor a que pertence, repertório e características específicas desse setor
4. Posicionamento mercadológico
5. Situação financeira
6. Histórico e trajetória institucional
7. Principais necessidades
8. Principais interesses</td></tr>
<tr><td>Beneficiários</td><td>1. Características comportamentais
2. Características socioculturais
3. Principais necessidades
4. Principais interesses</td></tr>
</table>

	Componentes	Pesquisar
Macroambiente	Objeto	1. Características do objeto (acordo de procedimentos, representações, locações, produtos, serviços etc.) 2. Benefícios que ele proporciona 3. Grau de complexidade para implantação/utilização 4. Grau de atualização ou ineditismo 5. Expectativa de duração 6. Acessórios disponíveis e/ou necessários 7. Custos e/ou preço 8. Alternativas de fontes do objeto (que outras instituições ou empresas podem fornecer o mesmo objeto) 9. Alternativas de substituição do objeto por outro semelhante ou diferente
	Opositores ou concorrentes	1. Indivíduos, grupos, instituições e empresas que podem ser afetados negativamente pelo processo 2. Indivíduos, grupos, instituições e empresas que competem no processo
	Coadjuvantes ou cooperadores	1. Indivíduos, grupos, instituições e empresas integrados ao processo 2. Indivíduos, grupos, instituições e empresas com interesses convergentes aos resultados esperados

	Componentes	Pesquisar
Macroambiente	Cenários	1. Qual a relação entre o processo e os diversos cenários definidos 2. Qual o possível impacto de cada cenário no processo 3. Qual o histórico de interferência de cada cenário no processo 4. O que se prevê para o futuro de cada cenário e qual o impacto das respectivas mudanças no prazo que interessa ao processo

Uma vez realizada a pesquisa para conhecimento do ambiente, o negociador/vendedor estará apto a montar seu plano estratégico (que será tratado mais adiante neste livro), desenvolvendo alternativas para as ações que deverá tomar no decorrer do processo. Os resultados da pesquisa representam ainda mais um ganho paralelo: os conhecimentos adquiridos em um processo sempre servirão para outros processos.

Reflexões sobre o caso

Este é um momento em que vale a pena retomar o caso do início do livro. Como exercício, podemos verificar quais componentes ambientais ficaram explícitos nas duas situações e o que faltou agregar ao conhecimento de cada um dos personagens. Sabemos, de antemão, que a análise do ambiente não estava completa em nenhuma das duas situações e que, sem dúvida nenhuma, o processo de Dácio era muito mais complexo que o de Gustavo.

2.3.2. Contexto

Conforme já visto anteriormente, **CONTEXTO** representa o "mundo das idéias", onde idéia significa representação mental, imagem e imaginação, reflexão, interpretação, criação, opinião e conceito. Isto quer dizer que as idéias a respeito de algo podem ser convergentes ou divergentes, podem ser construídas em partes distintas do universo de significação, podem ser tangíveis ou intangíveis, podem abrigar conceitos de crenças e valores e são produtos intrínsecos dos seres humanos.

Os resultados de um processo de negociação ou venda dependem fundamentalmente do contexto em que ocorrem, porque as pessoas que dele participam tomarão suas decisões a partir de suas próprias idéias, de sua realidade particular, que nem sempre coincide com a realidade proposta pelo outro interlocutor (daí a nossa insistência na questão do conhecimento).

O que tem sido observado nos processos de negociação e venda é que, na maioria das vezes, as idéias são utilizadas de maneira empírica, intuitiva. Existe, entretanto, um conjunto de idéias fundamentais que estão na base de qualquer processo e que devem ser exploradas, conhecidas e utilizadas quando se deseja obter resultados positivos e duradouros, compartilhados igualmente entre todas as partes. São elas:

- Identidade
- Posicionamento
- Filosofia empresarial/institucional
- Utilidade
- Diferenciação *vs.* Valor percebido

Identidade

Na raiz deste conceito está a "qualidade daquilo que é idêntico", o que pode ser pensado em dois níveis: a) uma repetição idêntica de atributos, por exemplo, a cor e o sabor de um refrigerante são sempre os mesmos; b) alguém ou algo se identifica com o outro quando ambos apresentam atributos comuns ou complementares, por exemplo, temos a mesma cor de cabelos, ou ainda, tal produto é feito na minha cor preferida. Considerando o ensinamento de Aristóteles, que diz que: "as pessoas são aquilo que fazem **REPETIDAMENTE**", pode-se inferir que a identidade de algo ou alguém corresponde ao conjunto de atributos que são **HABITUALMENTE** apresentados para a percepção, interpretação, julgamento e opinião de outrem. Esses atributos se classificam em dois grupos fundamentais: imagem e conceito.

Os atributos de imagem — que no campo da semiótica representam os significantes e no campo da abordagem gestáltica representam a forma[1] — são atributos mais externos, objetivos e tangíveis, captados diretamente pelos sentidos, por exemplo, tamanho, formato, cor, aroma, sabor, sonoridade, temperatura, movimento etc.

Os atributos de conceito — que na semiótica equivalem aos significados e na abordagem gestáltica aos conteúdos — são mais internos, subjetivos e intangíveis, identificados através do comportamento das pessoas ou do desempenho dos objetos, por exemplo, pontualidade, serenidade, beleza, qualidade etc.

Veja a seguir a representação gráfica dessa idéia.

---

[1] Em semiótica, o equilíbrio na significação de um objeto é formado através do significante e do significado. Na abordagem gestáltica, esse equilíbrio é estudado através da forma e do conteúdo.

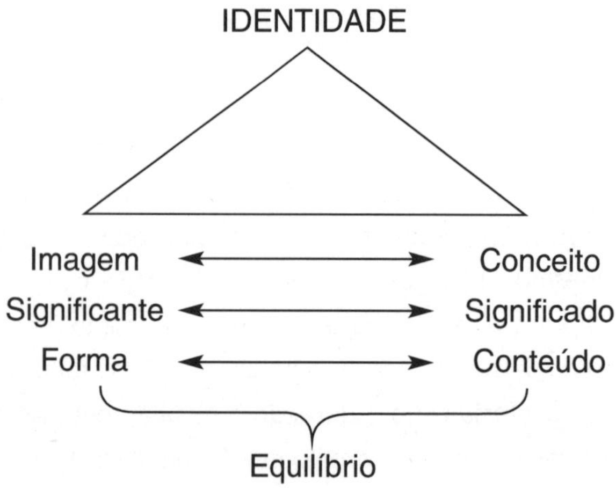

Fig. 15 – Composição da identidade

Nos processos de negociação e venda, é importante definir a identidade dos indivíduos e grupos, das empresas e instituições e dos objetos (acordos, produtos e serviços). Exemplos:

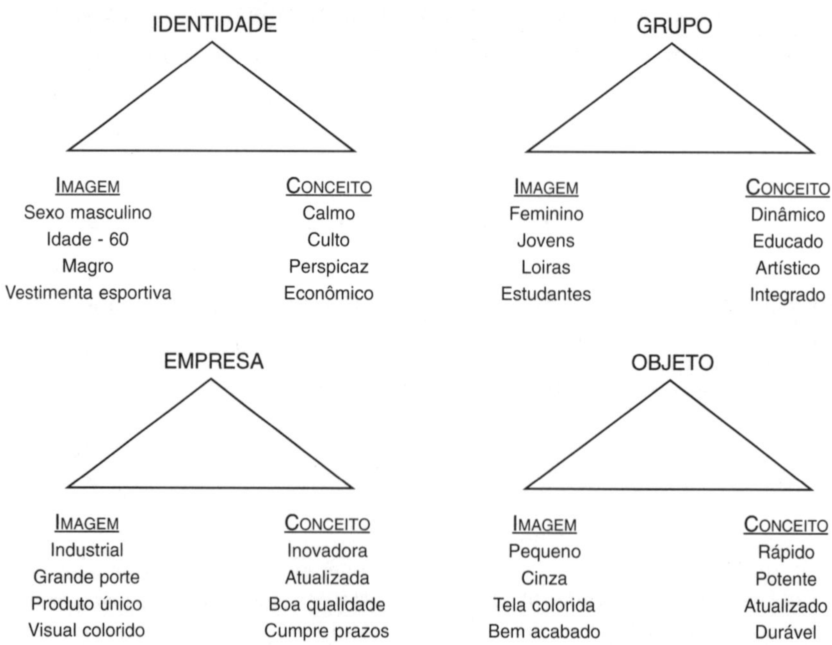

Outros dois exemplos clássicos de identidade empresarial podem ser encontrados em duas publicações especializadas na área de administração: *Feitas para durar*, de James Collins e Jerry Porras; e *Sistemas de gestão empresarial - conceitos permanentes na administração de empresas válidas*, de Nélio Arantes. Em ambos os casos, os autores destacaram pontos comuns da identidade das empresas utilizadas como referência para seus estudos (trata-se de itens referentes ao conceito):

Empresas feitas para durar são aquelas que:

1. Dão ferramentas e não impõem soluções;
2. Preservam o núcleo e estimulam o progresso;
3. Têm metas audaciosas;
4. Visam mais do que simplesmente o lucro;
5. Compreendem corretamente o que o cliente necessita;
6. Vêem o cliente como parceiro e aliado;
7. Reconhecem o valor do posicionamento mercadológico; e
8. Aplicam a genialidade do "e" contra a tirania do "ou".

Empresas válidas são aquelas que:

1. Produzem "utilidades" no foco do cliente;
2. Criam e mantêm clientes satisfeitos;
3. Promovem a capacidade de evolução deliberada;
4. Atraem, desenvolvem e mantêm talentos;
5. Constroem e mantêm relações significativas;
6. Utilizam seus recursos produtivamente;
7. Praticam princípios de conduta aceitos; e
8. Consideram o lucro importante para a sua autonomia.

Posicionamento

Este é um termo utilizado pelo marketing e nome de um livro dos autores Al Ries e Jack Trout, que instituíram o conceito e a técnica do mesmo nome em que profissionais especializados definem, criam ou modificam a **IDENTIDADE** de um produto, de uma marca ou de uma empresa. Segundo eles, posicionamento é o espaço que um produto ocupa na mente de um consumidor em um determinado mercado; é como os consumidores potenciais vêem esse produto. Do ponto de vista do que foi tratado anteriormente na definição de identidade, o conceito de posicionamento está ligado à idéia de percepção e também pode ser aplicado a pessoas, principalmente àquelas que têm atividades públicas.

Outra contribuição fundamental dessa técnica é que o posicionamento expressa a identidade de um componente ou de um objeto em relação a seus competidores. Observe que nas histórias de super-heróis sempre existe um personagem de contraste, cujo grau de periculosidade é o que revela o nível de competência do herói. Dessa maneira, uma pessoa, empresa ou um produto será igual ou diferente, melhor ou pior sempre em relação a outra pessoa, empresa ou produto. Nesse sentido, em um processo de negociação ou venda, sempre haverá comparações e julgamentos e os elementos pioneiros, ou seja, aqueles que tiverem a sua identidade definida e explicitada em primeiro lugar, serão tomados como referência primária nesse processo. Além disso, embora se exercitem técnicas de mudança de identidade e de posicionamento, não se trata de algo simples ou fácil de se conseguir, pois as primeiras percepções e impressões perduram justamente por se tornarem as referências primárias aqui citadas.

Filosofia empresarial / institucional

Utilizada de maneira intensa nos últimos anos, a filosofia empresarial ou institucional é um processo de "autoconhecimento" e planejamento estratégico. O desenvolvimento dessa filosofia se inicia através da reflexão para identificação de princípios e valores, do estabelecimento de objetivos de médio e longo prazo e das bases operacionais para atingir esses objetivos. Em outras palavras, princípios e valores, visão e missão. Vista dessa maneira, a filosofia é o elemento fundamental na formação da identidade e do posicionamento das organizações, além de agente do alinhamento entre as pessoas e a organização a que pertencem.

Os **PRINCÍPIOS E VALORES** representam os alicerces da conduta ética aceita entre os membros do grupo, bem como as crenças de melhor cumprimento dos propósitos empresariais. Por exemplo – "Nossos princípios são: Igualdade – embora as pessoas sejam diferentes nas atitudes, elas se integram e se complementam na sua diversidade e pluralidade, por isso, são IGUAIS em importância. Honestidade – poder ser, sentir e contar, não ter medo nem vergonha daquilo em que acredita, ter coragem de mudar. Obstinação – Não desistir, começar de novo tantas vezes quantas forem necessárias, completar a trajetória sempre acreditando no sucesso, ainda que seja somente o da crença e o da experiência vivida. Ética do prazer – entender o significado do trabalho e cumpri-lo com prazer é muito mais produtivo."

VISÃO é o que projeta as pessoas e a instituição rumo ao futuro; porém, a um futuro eleito. No exemplo a seguir, é dada ênfase no planejamento estratégico, nas diversas relações e nos resultados.

"A única certeza que temos é a da mudança. Agir pró-ativamente e estrategicamente, construindo o futuro fundamentado em relações claras e duradouras, nos manterá entre os mais importantes inventores do sucesso."

Missão é a parte mais prática e tática da filosofia empresarial, que define de que maneira a instituição irá alcançar a sua visão. No exemplo que vem sendo trabalhado, para promover mudanças, estabelecer uma significativa rede de relacionamentos, obtendo resultados de sucesso através da inovação, a empresa em questão pode adotar a seguinte missão: "Desenvolver talentos, empregabilidade, negócios e processos através de informações consistentes e métodos inovadores, enfatizando a visão sistêmica, a competência e a ação como plataforma de bons resultados empresariais. Entenda-se o desenvolvimento em duas dimensões: a) a empresa comparada com ela mesma através do tempo; e b) a empresa comparada com outras a qualquer tempo".

Além de ser um instrumento de conscientização, a filosofia deve corresponder àquilo que é praticado e está sedimentado na empresa e, portanto, estar alinhada às identidades particulares dos componentes da instituição. Para isso, é necessário efetuar um processo de três passos fundamentais:

1. As pessoas devem identificar-se com a filosofia e com os projetos da empresa e ajudar a defini-los através da construção coletiva de significados;

2. Deve ser promovida a compreensão das interdependências entre os vários ambientes e contextos nos quais a empresa se insere; e

3. Deve ser respeitada e valorizada a identidade individual para o enriquecimento do projeto coletivo.

Utilidade

Este é um conceito ligado a produto e serviço, que também pode ser aplicado a acordos de negociação. Na verdade, ele envolve e extrapola a idéia da relação entre características e benefícios. Segundo esse conceito, os acordos, os produtos e os serviços são constituídos por três partes essenciais: a concepção ou projeto, a entrega básica e os componentes agregados.

Concepção ou projeto é tudo aquilo que corresponde à formulação de idéias a partir de informações íntegras e confiáveis e à respectiva escolha das idéias que irão oferecer uma solução adequada à situação. Os conceitos-chaves relativos à concepção são principalmente o conhecimento e a criatividade, ou seja, aquilo que possibilita encontrar alternativas diversas e válidas. Este componente da utilidade é um elemento fortemente diferenciador. Um exemplo interessante de concepção inteligente é o aquecedor solar para abastecimento doméstico: além de oferecer um desempenho melhor, utiliza fonte natural e disponível de energia a custo operacional muito próximo de zero. Outro exemplo: utilizar os próprios participantes como organizadores de um evento promove maior interesse, compromisso, envolvimento, integração e ainda pode gerar economia.

A entrega básica corresponde a funcionalidade, tecnologia e metodologia. É mais objetiva, refere-se à competência principal de uma instituição ou setor e pode ser reproduzida com certa facilidade. Em outros termos, é o que chamamos de *commodity*, aquilo que é comum entre diversas fontes e, por isso mesmo, pode ser facilmente comparado e graduado. Se de um lado a facilidade de comparação dificulta a possibilidade de diferenciação através da entrega básica, por outro, exige cuidado com a qualidade e a apresentação para que essa entrega suporte as comparações a que estará sujeita. No exemplo do aquecedor solar, os tubos, o reservatório, as placas poderiam representar este ponto.

Os componentes agregados, estrategicamente utilizados como acessórios diferenciadores, representam tudo aquilo que acompanha a entrega básica que favorece a aplicação ou funcionamento do acordo, produto ou serviço, não sendo, entretanto, componente vital ou indispensável. No exemplo que está sendo trabalhado — o do aquecedor solar —, um conjunto de resistências para aquecimento elétrico alternativo é um acessório extremamente importante para aquecer a água em dias sem sol, mas não é um elemento determinante para o funcionamento do sistema original, podendo ficar inativo por mais de 90% do tempo de utilização de todo o equipamento.

A utilidade pode ser representada pelo seguinte esquema:

	Utilidade		
	Concepção	**Entrega básica**	**Agregados**
Âmbito	• Projetos • Idéias • Informações • Conhecimento • Criatividade	• Funcionalidade • Tecnologia • Metodologia • Qualidade • Produtividade • Prazos • Valores (preço)	• Acessórios • Atenção • Conforto • Disponibilidade • Treinamento

Diferenciação *vs.* Valor percebido

São dois itens interpostos que representam os principais motivos da vulnerabilidade ou atratividade, da aceitação ou rejeição de um acordo, de um produto ou de um serviço. A diferenciação tem a ver com as alternativas de fornecimento tanto em relação aos objetos quanto em relação aos seus provedores; portanto, uma proposta é mais ou menos diferente quando comparada a outras propostas concorrentes. O valor percebido tem a ver com as expectativas e motivações dos interlocutores e decisores do processo de negociação e venda, tanto em nível individual quanto grupal. Além dos valores, essa percepção também se refere ao grau e à qualidade das diferenças existentes entre as diversas alternativas.

As resultantes dessa relação entre diferenciação e valor percebido correspondem aos quadrantes da matriz binária apresentada a seguir e definem uma escala de "vulnerabilidade-atratividade":

No quadrante de número 1, tanto a diferenciação quanto o valor percebido são baixos, isso significa que a proposta de acordo na negociação ou do produto ou serviço na venda é muito vulnerável. O fechamento de um processo nessa circunstância é difícil de ocorrer e, quando ocorre, tem dificuldade para se sustentar.

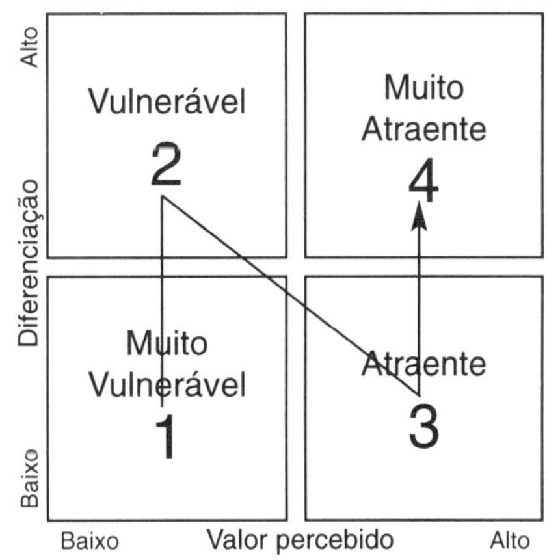

Fig. 16 - Diferenciação *vs.* Valor percebido

No quadrante 4, ao contrário, tanto a diferenciação quanto o valor percebido são elevados; portanto, a proposta de acordo, produto ou serviço será muito atraente para quem deve aceitá-la ou aprová-la. Além de a aceitação ser mais fácil, essa condição também favorece a satisfação, a manutenção e a continuidade de acordos e relacionamentos.

Nos quadrantes 2 e 3, ocorre uma situação intermediária em relação à vulnerabilidade e à atratividade da proposta. Entretanto, ao comparar-se "diferenciação" e "valor percebido", é compreensível que a percepção de valor é mais importante que a diferenciação, pois um objeto, mesmo que bastante diferenciado em relação a seus concorrentes, se não tiver seus valores percebidos, não deverá ser atraente! Dessa forma, a situação do quadrante 3 – alto valor percebido e baixa diferenciação – é mais atraente que a do quadrante 2 – alta diferenciação e baixo valor percebido.

Um exercício interessante de se realizar é o seguinte:

1. Tomar uma determinada proposta e seu respectivo conjunto de alternativas;

2. Identificar suas principais características e os benefícios que poderão trazer aos diversos interessados;

3. Comparar esses atributos e lançá-los na matriz no nível de diferenciação correspondente;

4. Tomar dois ou três interlocutores conhecidos e diferentes, se possível com a definição de seus estilos pessoais, perfil de comportamento, expectativas e motivações;

5. Refletir sobre os atributos lançados na matriz e posicioná-los em relação ao eixo de valor percebido, utilizando uma matriz para cada interlocutor; e

6. A análise das semelhanças e diferenças apontadas no exercício poderá auxiliar sobremaneira a escolha do método de apresentação da proposta, pois estarão definidos os argumentos mais vulneráveis e os mais atraentes.

Exemplo: Um automóvel pequeno, motor 1.0, bicombustível em relação ao seu oposto de grande porte a gasolina.

Situação 1	**Situação 2**
Sr. "X", jovem, solteiro, início de carreira, utiliza o carro para trabalhar:	Sr. "Y", casado, 3 filhos, bem situado profissionalmente, viaja bastante com a família para a praia:

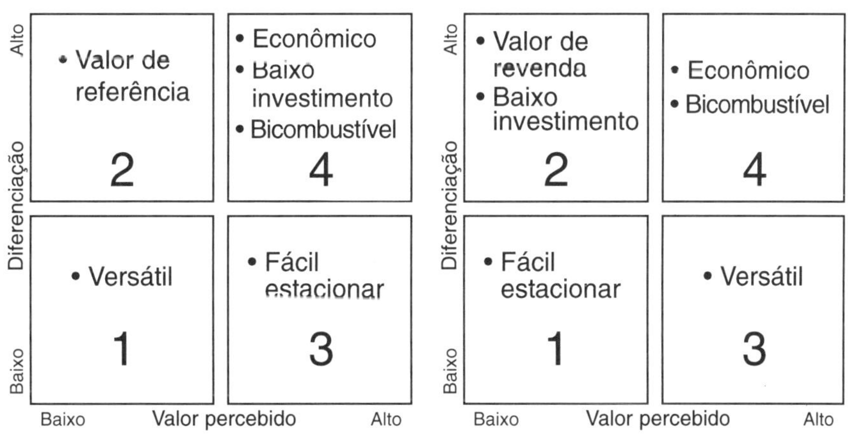

Fig. 17 - Exercício de diferenciação *vs.* Valor percebido

Reflexões sobre o caso

Eis mais uma oportunidade para analisarmos o desempenho dos nossos personagens. Avalie o que for possível em relação ao que eles pesquisaram e/ou conheciam sobre:

- Identidade
- Posicionamento
- Filosofia empresarial/institucional
- Utilidade e
- Diferenciação *vs.* Valor percebido

Faça essa análise tanto do ponto de vista das organizações que eles representavam quanto das organizações, dos grupos e dos indivíduos envolvidos direta ou indiretamente nos processos de venda e de negociação narrados no caso.

Creio que, mais uma vez, estamos diante de uma condição deficitária tanto de Gustavo quanto de Dácio e, também outra vez, a situação de Dácio era muito mais complexa.

3. AS DEZ PRÁTICAS ESSENCIAIS

Como foi explicado no capítulo de introdução deste livro, as dez práticas que serão tratadas e recomendadas adiante representam as competências essenciais que bons negociadores e bons vendedores devem ter.

E por que chamar essas competências de "práticas"?

Porque o termo "práticas" favorece a idéia de competências efetivamente exercidas de maneira sistemática; significa atitudes constantes. Isso reafirma aquilo que Aristóteles disse: "somos o que repetidamente fazemos; excelência, portanto, é um hábito, e não um ato".

Em outras palavras, não adianta ser capaz e não exercer essa tal capacidade. Tampouco se pode esquecer de que a prática desenvolve a capacidade cada vez mais.

Outra observação importante neste caso é que o desenvolvimento de uma competência promove o desenvolvimento de outras. Por exemplo, pesquisar constantemente melhora a capacidade de planejar, de olhar o futuro; planejar bem melhora a organização, a confiança, a flexibilidade, e assim por diante.

3.1. Pesquisa

Pode-se dizer que pesquisa é um processo racional e sistemático, cujo objetivo é coletar informações para a ampliação de conhecimentos que permitem resolver problemas ou realizar planos e projetos. O processo de pesquisa parte de conhecimentos prévios sobre um assunto e utiliza diversos métodos e técnicas específicos para complementar esses conhecimentos até o nível necessário. Esses métodos e técnicas vão desde leituras e buscas em publicações e sites da Internet até conversas informais e entrevistas pessoais programadas, que se valem de perguntas abertas e fechadas, diretas e indiretas. Embora uma pesquisa possa ser realizada de maneira empírica ou intuitiva, um processo de pesquisa apresenta, no mínimo, as seguintes etapas:

1. Definição do problema a ser resolvido;
2. Definição dos objetivos da pesquisa;
3. Montagem de um plano de pesquisa;
4. Coleta de informações;
5. Classificação e análise das informações obtidas; e
6. Montagem do relatório para apresentação de resultados.

Vale ressaltar que a consecução daquilo que foi estudado na segunda parte deste livro — "Conhecimento: As três dimensões" — depende quase exclusivamente de pesquisa e, de certa forma, o conteúdo desta parte representa um método de pesquisa aplicada.

Insistimos que um bom profissional de negociação ou de venda deve ter uma atitude de constante pesquisa, deve estar sempre buscando informações atualizadas sobre todos os componentes, ambientes e contextos do seu universo de atuação e, para isso, ele deve ter as seguintes qualidades pessoais:

- Algum conhecimento prévio sobre o assunto;
- Curiosidade;
- Imaginação;
- Criatividade;
- Sensibilidade;
- Persistência; e
- Paciência.

3.2. Planejamento

Este é um tema efetivamente extenso, mas, como o objetivo deste trabalho é apenas levantar algumas questões importantes e úteis para o leitor interessado em desenvolver suas habilidades em negociação e venda, trataremos apenas dos seguintes itens:

1. Definição de planejamento e suas etapas básicas;

2. O conceito de estratégia e planejamento estratégico;

3. Visão.

3.2.1. Definição de planejamento e suas etapas básicas

Uma das definições mais clássicas, a de Russel Ackoff, diz que "planejamento é algo que fazemos antes de agir; isto é, uma tomada antecipada de decisão".

Horácio Martins Carvalho define o planejamento como "um processo ou conjunto de subprocessos" e José Maria Dias destaca a questão do dinamismo e da necessária continuidade da atividade de planejamento considerando que o ambiente organizacional vive em constante processo de mutação.

Para Nélio Arantes, o "planejamento é essencialmente um processo de criar o futuro que queremos; é o exercício de definir os caminhos que devem ser seguidos para atingir esses estados futuros desejados; é estabelecer 'o que fazer', o 'como', o 'quando', o 'quanto', o 'onde' e o 'quem'".

É claro que todas estas definições implicam um processo que contempla pesquisas, análise e construção de cenários presentes e futuros, criação de alternativas e escolhas, além de uma visão processual sistêmica. Consolidando, então, todas essas definições, podemos dizer que:

"Planejamento é um processo contínuo, dinâmico e flexível, que analisa e avalia situações, ambientes e contextos; antecipa objetivos e resultados esperados e propõe um roteiro de procedimentos coerentes para alcançar ou superar esses resultados."

Essa definição propõe um processo que pode ser composto pelas seguintes etapas e suas respectivas subdivisões:

1. Estudo da situação:
   a. Obtenção de informações internas e externas;
   b. Identificação da situação ou problema; e
   c. Análise de contexto.
2. Formulação de objetivos:
   a. Definição dos resultados esperados; e
   b. Avaliação das condições.
3. Formulação das estratégias.
4. Definição das ações:
   a. Alternativas;
   b. Escolhas justificadas;
   c. Priorização e cronograma;
   d. Recursos necessários.
5. Definição de critérios para controle da implantação e avaliação dos resultados.

Fig. 18 - Processo de planejamento

3.2.2. Conceito de estratégia e planejamento estratégico

Na verdade, os dois conceitos se entrelaçam. Por volta de 1965, Igor Ansoff lançou a idéia de "planejamento estratégico" nas empresas que hoje utilizam apenas o termo "estratégia".

O planejamento estratégico já foi interpretado como planejamento de longo prazo e também como o planejamento que utilizava como prioridade a interação da organização com o ambiente no qual se inseria. Hoje, sabe-se que o conceito de estratégia é amplo e abstrato e, ao compará-lo com o conceito de objetivo, pode-se dizer que, enquanto os objetivos representam os fins, a estratégia representa os meios para alcançar esses fins. Entretanto, uma decisão por um esforço de ampliar participação no mercado, por exemplo, pode ser um objetivo em um momento e uma estratégia para atingir outro objetivo em um momento diferente.

Para melhor entender o significado de "estratégia", vamos utilizar o seguinte exemplo: uma empresa define que a sua estratégia para os próximos três anos será alternar seus esforços em três parâmetros fundamentais de sua gestão: o crescimento, a rentabilidade e a produtividade. No momento de crescer, ela pode decidir entre diversas alternativas, como adquirir participação de mercado comprando empresas menores e do mesmo ramo ou diversificar, acrescentando novos produtos em sua linha, entre outras. Se o seu crescimento se direcionar por algum tipo de disputa acirrada de mercado, esse crescimento pode interferir na rentabilidade! Aí está uma equação a ser resolvida. A rentabilidade, por sua vez, pode depender diretamente da produtividade — outra equação. A estratégia, portanto, é um caminho a ser escolhido e construído.

3.2.3. Visão

Analisando o que foi dito anteriormente, podemos dizer que "visão" é a formulação de objetivos contextualizados em panoramas e cenários antecipados que simulam possíveis situações futuras. Considere-se aí uma forte carga intencional do planejador ou gestor, ou seja, quem planeja pode utilizar um conjunto de previsões baseadas em informações históricas e estatísticas, mas pode também se orientar pelos seus desejos e intenções, como quem busca construir o futuro esperado.

De modo geral, o conceito de visão também se liga mais enfaticamente a um futuro de médio e longo prazo, o que, do ponto de vista de negociação e venda, significa perenizar acordos e fidelizar clientes por meio da convergência de interesses, conhecimentos e intenções. Como esses resultados estão ligados à equação expectativa-satisfação-vivência, o exercício de visão de alguém responsável por definir uma estratégia de convergência deve passar pela construção de experiências positivas de alto impacto em relação às expectativas e à satisfação de seus interlocutores e representados. Esse tipo de experiência pode conduzir à fidelidade; porém, se as experiências forem de alto impacto, mas de caráter negativo, podem gerar perdas irreversíveis.

Com um pouco mais de coragem — e principalmente do ponto de vista de liderança —, podemos ainda definir visão como um sonho, uma esperança, uma crença, uma percepção, uma interpretação, ou até mesmo, um vaticínio, uma profecia de quem planeja.

3.3. Organização

Conforme temos insistido em todo este capítulo, não basta ter uma determinada habilidade ou competência; é necessário praticá-la de maneira sistemática. Com a questão da organização não é diferente: o próprio termo implica continuidade para existir. Além disso, também é uma competência indispensável para quem espera ter sucesso e desenvolvimento em negociação e venda.

Ao significado de organização se juntam outros conceitos que podem ser utilizados nesta definição: disciplina, ordem e método. Todos estes termos compilados apresentam a idéia de que organização é "um conjunto de meios ou procedimentos racionais e refletidos e, por isso, considerados corretos, dispostos e estruturados de acordo com um princípio útil, agradável ou harmonioso para funcionar e alcançar um determinado fim".

Do ponto de vista prático, a organização pode ser vista sob diversas dimensões: a organização da vida pessoal, representada pela disciplina no cumprimento de compromissos particulares; a organização profissional, que significa o mesmo empenho, porém relativo às atividades profissionais; e a organização do conhecimento, relativa a estudos, pesquisas, aquisição e ampliação do saber. No mundo moderno, as pessoas têm sido vítimas de acúmulo de atribuições e de pressão do tempo, o que significa que, se não forem organizadas, deixarão de atender a compromissos, podendo pôr em risco seu sucesso. Para evitar isso, também no mundo moderno, foi desenvolvida uma grande quantidade de recursos instrumentais para auxiliar as pessoas em suas necessidades de organização: agendas impressas e eletrônicas dos mais variados modelos e tamanhos, bancos de dados e planilhas com diagramas e gráficos, calendários com recursos de destaque e avisos através de alarmes e uma infinidade de artigos eletrônicos que podem auxiliar (ou atrapalhar) a organização, como, por exemplo, telefones celulares, cartões de memória, câmeras, *palmtops* e outros.

O mais importante, entretanto, são os princípios, valores e qualidades das pessoas organizadas, como, por exemplo, disponibilidade para aceitar os compromissos necessários ao seu bom desempenho; prontidão para atender aos seus compromissos a tempo e não procrastinar; pontualidade para respeitar o tempo dos outros etc. Não adianta um profissional dispor de todos os recursos eletrônicos de que necessita e sempre chegar atrasado a seus compromissos (ou, às vezes, sequer cumpri-los).

3.4. Comunicação

É muito difícil escrever sobre comunicação sem lançar mão da clássica definição de seu processo e do seu respectivo esquema gráfico, conforme apresentado adiante na figura 19.

Definindo, portanto, "comunicação é um processo que envolve a transmissão e a recepção de mensagens entre uma fonte emissora e um destinatário receptor, no qual as informações, transmitidas por intermédio de recursos físicos (fala, audição, visão etc.) ou de aparelhos e dispositivos técnicos, são codificadas na fonte e decodificadas no destino com o uso de sistemas convencionados de signos ou símbolos sonoros, escritos, iconográficos, gestuais etc.". (*Dicionário Houaiss da Língua Portuguesa*).

O esquema referido anteriormente é o seguinte:

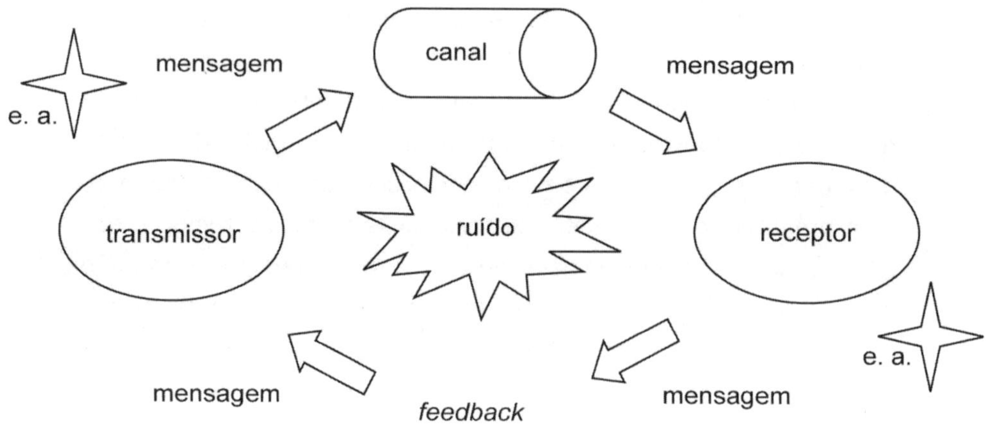

Fig. 19 - Processo de comunicação

Por que é tão importante iniciarmos por essa definição? Fundamentalmente pela parte que diz: "codificadas na fonte e decodificadas no destino com o uso de sistemas convencionados de signos". Isto significa que a compreensão entre dois indivíduos que querem se comunicar depende de fatores culturais, sociais e emocionais que compõem a sua experiência anterior (identificada no esquema pelas letras e.a.) e que estão presentes a todo o momento durante o processo de comunicação. Portanto, o transmissor que toma a iniciativa de comunicar-se deve levar em conta essas experiências, tanto de si próprio quanto de seu interlocutor. Esta é a questão de que estamos tratando no decorrer de todo este livro.

Se considerarmos que os objetivos fundamentais de um emissor podem ser que a sua mensagem seja compreendida e lembrada, existem outras maneiras de assegurar a qualidade no processo de comunicação. São elas:

1. Observar os itens do processo que estão sob seu comando — mensagem, canal e recepção do *feedback* — e prepará-los cuidadosamente, pois são fatores conhecidos, antecipáveis e definem a linha lógica e a qualidade da comunicação. Já os demais itens — receptor, experiências anteriores, ruídos e emissão do *feedback* — normalmente estão fora de controle e às vezes são inevitáveis e incontornáveis; influem diretamente na objetividade e na qualidade da comunicação e podem gerar mal-entendidos, medo e até resultados desastrosos.

2. Para o entendimento de uma mensagem, é necessário que ela seja racionalmente explicada; por outro lado, a sua lembrança depende mais de estímulos emocionais. Portanto, um ato de comunicação eficaz apresenta de maneira equilibrada elementos racionais e emocionais.

3. Uma mensagem também necessita de equilíbrio entre seu conteúdo e sua forma. Um conteúdo muito denso e complexo, sem o auxílio de ilustrações, pode não ser compreendido e, ao contrário, uma mensagem bem ilustrada mas sem o proporcional conteúdo pode ser tomada como "vazia".

4. A coerência ou a incoerência, a conformidade ou a contraposição, a síntese ou a dicotomia entre os pensamentos de dois interlocutores podem levá-los a uma completa inversão de entendimento ou de valores no processo de comunicação. É necessário identificar o teor desses pensamentos para uma codificação eficaz da mensagem.

5. Outra questão fundamental tem a ver com o canal escolhido para a transmissão da mensagem: ele deve ser adequado e eficaz, "sem apelos visuais para cegos ou sonoros para surdos". Não raro, notícias boas se perdem em veículos medíocres enquanto as ruins são projetadas por meio de canais competentes. Uma boa analogia para entender esse fenômeno pode ser obtida por meio de instrumentos musicais. Um saxofone, por exemplo, tem dois sistemas funcionais: um sistema de geração do som (boquilha e palheta, lábios e sopro, chaves e dedos e, sem dúvida, a perícia do músico) e outro de amplificação do som (basicamente a campana – parte cônica do instrumento). Tanto a geração quanto a amplificação do som podem ser boas ou más; portanto, se acontecer de um som bem produzido ser mal amplificado isso pode representar um desperdício, enquanto um som mal gerado e bem amplificado representa um desastre. É o mesmo que dizer de uma excelente cantora com um mau equipamento de som ou, ao contrário, uma cantora sofrível com um excelente equipamento de som. Neste último caso, quanto melhor for o equipamento, pior será o resultado!

3.4.1. Apresentação de idéias e propostas

Quem negocia e vende está permanentemente preparando apresentações de suas idéias, projetos, planos, produtos, propostas, estudos, acordos etc. Essas apresentações podem ser desde uma simples conversa particular ao telefone até uma entrevista para um veículo de comunicação de massa estruturado para alcançar milhões de pessoas. Nesses casos, além das considerações que fizemos nos parágrafos anteriores, poderíamos anotar algumas recomendações importantes para a obtenção de um processo de comunicação eficaz:

1. Determine com clareza o objetivo de sua apresentação;

2. Obtenha a maior quantidade possível de informações sobre os interlocutores, o assunto e, enfim, sobre todo o ambiente e contexto relativo ao processo;

3. Esquematize sua apresentação criando uma abertura estimulante, um "corpo" fácil de acompanhar e um encerramento memorável (de preferência com significativo teor de emoção);

4. Utilize exemplos e histórias que possam auxiliá-lo a explicar melhor os seus temas; e

5. Não deixe de demonstrar o seu interesse pelo processo.

3.4.2. Primeira impressão

A primeira impressão é aquela que se causa no período que varia entre trinta segundos e quatro minutos – e, como se diz popularmente, a primeira impressão é a que fica!

Tendo em vista que os seres humanos tendem a acreditar que as primeiras coisas que aprendem representam a "verdade", as primeiras impressões são importantes, porque servirão como referência para as próximas impressões e irão influenciar todo o processamento das informações que virão depois.

Para lidar bem com a questão das primeiras impressões, do ponto de vista psicológico, é necessário ponderar a própria situação pessoal e a situação do outro. Considerando-se a própria situação pessoal, notam-se três níveis de sentimento: o ser, que significa a condição pessoal tida como a realidade do momento; o sentir, que é como a pessoa se sente diante dos interlocutores e daquela situação, e isso envolve o primeiro nível (ser); e o mostrar, que corresponde àquilo que a pessoa considera de fato útil e pertinente para a situação, que passa pelo filtro pessoal do autocontrole. Complementando essa ponderação com a visão que se faz do outro, o melhor caminho para uma boa primeira impressão é praticar a empatia e a generosidade. Entenda-se empatia como a capacidade de se identificar com a outra pessoa, de sentir o que ela sente, de querer o que ela quer, de apreender do modo como ela apreende; entenda-se generosidade como o ato de colocar os sentimentos e as necessidades dos outros antes dos seus.

Do ponto de vista das indicações práticas e considerando que estamos tratando de primeiras impressões formadas por pessoas através de seus relacionamentos (e não de impressões sobre as obras ou os produtos dessas pessoas), as primeiras impressões dependem basicamente de cinco itens: linguagem corporal, indumentária, encenações, estilo vocal e conteúdo. Vejamos cada um desses itens:

1. **Linguagem corporal:** são as manifestações corporais independentes da fala, ou seja, um sorriso que transmite afetuosidade e segurança; um contato visual que transmite segurança; a postura, o modo como se caminha ou se permanece parado, a posição da cabeça, dos braços e das pernas etc.

2. **Indumentária:** representada pelas roupas e acessórios (brincos, colares, pulseiras, canetas, pastas, relógios). Podem ser de três categorias: funcionais, que combinam com o trabalho, independentemente de dar prazer; neutras, as que seguem padrões sociais clássicos; expressivas, utilizadas para expressar humores e sentimentos. Podemos dizer que o traje ideal se compõe do equilíbrio entre a preferência pessoal e o ideal funcional.

3. **Encenações:** geralmente representam impaciência e devem ser evitadas. Exemplos: tamborilar com os dedos ou caneta; mexer, tirar e pôr objetos como correntes, pulseiras, anéis e alianças; fazer barulhos com moedas ou outros objetos etc.

4. **Estilo vocal:** definido pelo tom e volume de voz, pelas pausas e pela clareza de dicção. Uma voz mais grave e pausada, com um volume médio, tende a inspirar mais controle, autoridade, confiança e assertividade do que uma voz aguda e de volume elevado, que pode transmitir nervosismo, excitação e ansiedade.

5. **Conteúdo:** cuidado com piadas e coisas "engraçadas", histórias particulares, lástimas, prolixidade e informações não comprovadas.

3.5. Confiança

O termo "confiança" abriga diversos conceitos:

- Força interior, segurança em si mesmo;
- Crença em alguém, na sua correção e retidão moral, na sua sinceridade afetiva, na sua capacidade profissional; e
- Crença na realização das coisas, esperança.

Todos eles podem ser considerados entre os mais importantes para a obtenção de fluidez e êxito em processos de negociação e de venda. Do ponto de vista da competência, entretanto, sabemos que é muito difícil conquistar e manter a confiança dos outros em um mundo de extrema competitividade. É necessário praticar permanentemente atos que assegurem e comprovem a confiança e isso requer atenção, cuidado e tempo.

O primeiro item a se trabalhar para a conquista da confiança é a integridade, que implica a coerência entre o discurso e a prática. O caminho para isso é refletir e discernir sobre valores, crenças e princípios próprios, expor essas convicções aos demais e praticar uma conduta coerente com isso. Mas existem outras maneiras que complementam este primeiro item: a constância dos propósitos discernidos na integridade, a constância da qualidade pessoal demonstrada nas criações e nas relações, a transparência de sentimentos e crenças, o comportamento de parceria e uma postura de vanguarda em relação à busca de conhecimentos e tecnologia.

Existem alguns postulados sobre a confiança que requerem atenção especial e que, pela natureza deles, explicam por que essa conquista é tão difícil e trabalhosa:

1. Confiança cega não existe, requer conhecimento. É uma ilusão acreditar que uma pessoa possa confiar na outra sem saber absolutamente nada sobre ela. De acordo com este postulado também se entende que a intensidade da confiança é diretamente proporcional à intensidade do conhecimento que se tem sobre a pessoa.

2. A confiança não é impessoal. Por de trás de tudo aquilo em que confiamos sempre existe uma pessoa ou um representante dela. A origem da confiança é sempre alguém, e não algo.

3. A confiança requer aprendizagem constante. As coisas mudam e manter a confiança adquirida de alguém implica atualizar, renovar sempre o conhecimento sobre o ambiente e o contexto dessa relação de confiança.

4. A confiança está de mãos dadas com a presença. Nem sempre se pode garantir a presença, mas cada oportunidade de estar junto com a pessoa de quem se espera a confiança é também uma oportunidade para renovar e manter essa confiança através da confirmação dos propósitos, da qualidade, da parceria e da vanguarda.

5. Confiança se constrói com o tempo e experiências positivas. Refletir, apresentar, praticar, confirmar são atos que requerem tempo. E se as experiências não forem positivas, tudo estará perdido!

3.6. Equilíbrio

As circunstâncias mais comuns de um processo de negociação ou de venda são as diferenças e os possíveis conflitos de objetivos, interesses e motivos que podem ocorrer em diversos níveis e envolver as pessoas que participam desse processo. As situações mais corriqueiras são as seguintes:

1. Conflito entre os meios e os fins. Muitas vezes ficamos diante da proposição de que "os fins justificam os meios". Isso ocorre principalmente diante da pressão por resultados, muito comum nos dias de hoje. Sem dúvida nenhuma, o limite dessa questão situa-se nos terrenos da ética, da moral e da legalidade.

2. Conflito entre a emoção e a razão. Como já discutimos no capítulo correspondente à análise de estilo e perfil de comportamento, o desequilíbrio em favor da emoção pode levar a pessoa a um comportamento apaixonado que desacredita a ação; já o desequilíbrio em favor da razão pode conduzir a um comportamento excessivamente analítico, obsessivo e paralisante.

3. Conflito entre as partes que participam diretamente do processo. A tendência é pensar que se existe a necessidade de negociar é porque existem divergências e esse é o ponto de partida do processo.

4. Conflito entre o indivíduo e o grupo, entre representante e representados. Se as questões pessoais individuais sobrepujam as questões coletivas, diante de diferenças ou conflito de interesses, seguramente ocorrerá injustiças.

5. Conflito até mesmo entre parceiros. Em negociações com grupos multifuncionais (profissionais de diversas áreas, como financeira, comercial e jurídica, por exemplo), é comum que cada um trabalhe com um conjunto distinto de interesses inerentes às suas causas.

A competência necessária para obter sucesso e uma saída honrosa nesses casos é o "equilíbrio", que consiste em autoconhecimento, autocontrole e empatia.

3.7. Liderança situacional

Todos os negociadores e todos os vendedores são demandados a liderar situações e, em princípio, deveriam praticar, pelo menos, as seguintes ações:

- Identificar objetivos estratégicos e alinhar as pessoas para alcançá-los;
- Não desanimar facilmente;
- Motivar e transmitir energia às pessoas envolvidas;
- Comunicar idéias de forma clara;
- Promover desenvolvimento pessoal entre os envolvidos;
- Confiar e saber delegar.

A liderança, entretanto, tem sido um tema amplamente debatido nos últimos tempos, em que tanto os mercados comerciais quanto os mercados de trabalho enfrentam aumento sistemático da competitividade. Resolvemos, então, neste capítulo, discutir as questões centrais da liderança.

Líder ou gerente?

Liderança é algo que existe desde que existe vida animal sobre a face da Terra; por isso, enganam-se aqueles que pensam que liderança é um atributo ou característica exclusiva dos seres humanos, pois muito se aprendeu e ainda muito se pode aprender com os bichos. Aliás, a liderança que se observa entre os animais preserva a sua característica essencial: o líder é aquele que é identificado, reconhecido, aceito e seguido pelos liderados. Ou seja, a delegação para orientar, definir e ordenar vem de baixo para cima, ainda que isso implique em energia, esforço e qualidades especiais que o candidato a líder pode e deve apresentar.

Com o passar do tempo, os seres humanos foram aprimorando racionalmente as suas relações por meio da organização e estruturação da sociedade, em cujo processo foram se definindo funções, responsabilidades, poderes, direitos e deveres. Surgem, então, nessas estruturas, posições que requerem habilidades de liderança demandadas não diretamente pelos liderados, mas por um comando superior. São as lideranças delegadas, neste caso, de cima para baixo — e nem sempre os líderes nomeados correspondem às expectativas dos seus liderados, o que resulta em relacionamento autocrático e tenso.

As primeiras anotações sobre liderança de que se tem conhecimento no mundo ocidental datam de 400 anos a.C. e pertenceram ao general grego Xenofonte que, acerca do comportamento de líderes militares, dizia: "O líder militar deve manter integridade absoluta, conhecer bem o seu ofício, declarar suas expectativas, demonstrar dedicação excepcional, ser otimista, aceitar desafios e cuidar bem de seu pessoal". Se apresentássemos isso como algo moderno, sem dúvida seria totalmente aceito. Observe que nos referimos ao exército, que é uma organização rigidamente estruturada, assim como as igrejas e as empresas, mas que, apesar da disposição natural ao exercício do autoritarismo, da autocracia, pode extrair de seu arquétipo grego um modelo de liderança baseado em valores e princípios éticos, em respeito ao próximo e em competência profissional.

É a partir desta reflexão que podemos entender as atuais diferenças conceituais entre liderança e gerência, ou seja, diferentemente da liderança, a primeira característica de um gerente, supervisor ou chefe é que ele tem responsabilidades, deveres e poderes delegados por alguém de cima na estrutura organizacional e que, ao mesmo tempo, terá a incumbência de acompanhá-lo e cobrá-lo pelos resultados. Mesmo que ele tenha aptidões de líder e seja indicado pelos seus liderados, ainda assim o seu poder terá sido outorgado de cima. Por isso é que se diz que a principal missão de um gerente é obter o melhor de um negócio, enquanto a liderança implica obter o melhor das pessoas. Sem dúvida nenhuma, uma boa gerência ajuda a melhorar o processo de liderança e vice-versa.

O líder nasce feito?

Esta é outra questão que se discute constantemente a respeito da liderança. Não é sem motivo, pois se trata de um tema polêmico. Acredita-se que um líder nato possa ser mais natural e intuitivo e menos técnico, ao passo que uma pessoa que não tenha aptidão natural para liderar ainda assim possa se desenvolver através de estudo e uso intensivo de técnicas observadas das experiências de outros líderes. De qualquer maneira, tanto um quanto outro dependerão de oportunidades para o exercício da liderança e, por isso, deverão ir buscá-la. Por outro lado, cada um poderá sempre se desenvolver e melhorar o seu desempenho como líder.

Os líderes são sempre iguais ou têm estilos diferentes?

Há muito se estudam os diferentes perfis de comportamento dos líderes. Um dos estudos passados mais difundidos classificava os líderes em três grupos diferentes: os autocráticos, os democráticos e os permissivos. Estudos atuais apontam para um inumerável conjunto de perfis correspondentes à seguinte combinação binária:

Comportamento diretivo: quando o líder define os papéis e as tarefas que devem ser realizadas; e

Comportamento de apoio: quando o líder tem como foco dar apoio e facilitar o processo.

Observe que das combinações entre dois comportamentos surgem quatro estilos diferentes: o estilo diretivo, o resolvente de problemas, o treinador e o delegante. Cada líder poderá apresentar uma dose diferente de cada um dos quatro estilos e assim compor o seu perfil individual.

O que é liderança situacional?

Liderança situacional é a evolução da composição de perfis diferentes só que, em vez de prevalecer o estilo natural do líder, o que determina o seu comportamento é a situação. Para desenvolver a habilidade de liderança situacional, o líder necessita, em primeiro lugar, conhecer-se muito bem e, em seguida, conhecer bem a técnica, a situação e as pessoas com as quais irá atuar.

As situações que se apresentam podem ser dos mais variados tipos e requerer grande flexibilidade e versatilidade do líder. Vamos estudar três exemplos:

1° LIDERADOS COM DIFERENTES NÍVEIS DE MOTIVAÇÃO E COMPETÊNCIA. Neste caso é necessário que o líder avalie e acompanhe individualmente cada componente da equipe. Uma boa técnica é dada pela matriz, na qual se observa que uma pessoa com baixa motivação e baixa competência requer direção, ao contrário de quem está altamente motivado e é competente, que requer delegação. Quando a pessoa alterna as características, o líder deve promover a que falta.

2º **A ESCALADA DA LIDERANÇA.** Raramente alguém começa como presidente de uma empresa. Em uma escalada normal, a liderança é exercida em níveis diferentes na medida em que o líder se movimenta através da estrutura organizacional. Essa escalada inicia-se pela liderança de um grupo operacional; no próximo passo ele lidera líderes, depois negócios, depois estratégias e assim por diante. Em cada estágio as demandas são diferentes e a necessidade de conhecimentos se amplia.

3º **LIDERANÇA INDEPENDENTE.** Não se deve pensar em liderança apenas do ponto de vista vertical descendente em uma estrutura organizacional. Liderança é algo presente também entre colegas, clientes, amigos, grupos inter e multidisciplinares, funcionais, sociais, desportivos etc. Aliás, é provável que esse seja o tipo mais genuíno de liderança, pois tende a ocorrer naturalmente. Esse é também o tipo de liderança mais variado e diversificado e requer muita versatilidade. Em geral, é nesse campo que se insere o trabalho de negociadores e vendedores.

Qual o sentido prático de liderança?

Primeiro, é importante desafiar o processo e preparar-se para liderar. Isso implica fazer pesquisas, buscar oportunidades, correr riscos, desenvolver conhecimento sobre si próprio, sobre os liderados e sobre o ambiente e o contexto em que se exerce a liderança. Neste caso é importante perguntar-se:

- O que pretendo conseguir, quais são os meus objetivos?
- Quais os maiores desafios que preciso enfrentar?
- Como são as pessoas e qual é a opinião delas em relação aos diferentes processos?
- Conto com os recursos e a organização necessária?
- Sobre quais valores construo minha liderança?
- Tenho "coração resistente" para liderar?
- Animo-me a desenvolver relações próximas?
- Tenho suficiente autodisciplina para chegar a alcançar os meus ideais?

Em segundo lugar, é necessário estar vigilante em relação à conduta pessoal – que deve servir como exemplo – inspirando uma visão compartilhada do futuro e buscando convergência e apoio. O que se recomenda é:

Sempre

- Utilizar todos os meios e recursos para se comunicar;
- Tratar os demais como profissionais competentes;
- Criar uma atmosfera positiva e flexível;
- Dar mostras de apoio e lealdade; e
- Estabelecer metas ambiciosas e desafiadoras.

Nunca

- Pedir ao outro o que você não faria;
- Se precipitar;
- Praticar favoritismos;
- Desestimular a participação dos outros; e
- Ser "vago" quanto às atribuições das pessoas.

Em terceiro lugar, é fundamental reconhecer e celebrar conquistas, pois é necessário sempre se lembrar de que, se liderança é obter resultados através das pessoas, liderar é a ação de motivar.

Qual a relação entre liderança e motivação?

Diversos autores trabalharam em profundidade com o tema da motivação: Maslow, Hertzberg, McGregor e outros. Como definição objetiva, podemos dizer que motivação é a força que nos estimula a agir, são os nossos motivos, nossas necessidades, ou seja, são processos que dão ao nosso comportamento uma direção determinada e uma forma de desenvolvimento própria da nossa individualidade. Motivar os outros, portanto, significa descobrir os seus motivos próprios e relacioná-los ao seu processo de desenvolvimento.

Estímulos

Na base da motivação individual está o conjunto de estímulos que a pessoa recebe durante as suas atividades. Os estímulos são de diversas origens e características; entretanto, são absolutamente necessários à vida. Do ponto de vista da sua natureza e em relação aos estudos de comportamento organizacional, os estímulos podem ser classificados como positivos ou negativos, condicionais ou incondicionais e adequados ou inadequados. Os positivos são aqueles que nos dão sensação de bem-estar e melhoram a nossa auto-estima, enquanto os estímulos negativos são aqueles com os quais nos sentimos mal, podendo ser agressivos ou de lástima. Os estímulos condicionais são aqueles relativos a uma conduta praticada, os incondicionais são independentes das condutas. Os estímulos considerados adequados, ao contrário dos inadequados, são aqueles que promovem o crescimento e o desenvolvimento da pessoa que os recebem. Por exemplo, "Que alegria te encontrar" é um estímulo positivo, incondicional e adequado; "Refaça a primeira parte do relatório, está diferente do que combinamos" é um estímulo negativo, condicional, porém adequado.

Um dos processos de estimulação utilizados em gestão de negócios e pessoas é o *feedback*, que representa o retorno, a realimentação relativa a uma ação ou estímulo provocado. Utilizado adequadamente, o *feedback* pode reconhecer, apoiar e estimular comportamentos considerados positivos, bem como orientar a correção de comportamentos que não favorecem o ambiente ou não correspondem à verdadeira intenção de quem manifesta a conduta. Quem aplica o *feedback* deve se referir a questões realmente importantes; ser adequado, respeitando o interesse do outro; ser claro, utilizando exemplos; oferecer sugestões. Já quem recebe o *feedback*, para que este lhe seja realmente útil, precisará escutar e esclarecer sem antepor argumentos ou defesas passionais; exercer o direito de decidir o que fazer com a informação recebida, avaliando objetivamente os benefícios de modificar sua conduta.

3.8. Parceria e trabalho em equipe

Temos defendido a idéia de que durante o processo de negociação e venda seja desenvolvida uma relação de parceria entre os negociadores. Isso favorece a descoberta dos valores e princípios em comum, a convergência de interesses, a harmonia nas relações e, por fim, o sucesso da negociação.

A importância da parceria no processo de negociação e venda é que ela implica objetivos comuns, companhia na realização de projetos, co-autoria e sociedade. Mais do que isso, a parceria implica uma aliança cujo conceito vai adiante, significando uma união harmoniosa entre coisas diferentes. Para cumprir esse preceito, a parceria se apóia em três pilares:

CONFIANÇA. De acordo com o que já foi abordado anteriormente, a confiança está na base das relações e, portanto, ela é que dá sustentação a qualquer ação desenvolvida em parceria. É preciso acreditar que seja possível realizar as coisas em conjunto e que as outras pessoas envolvidas no processo sejam capazes e merecedoras dessa realização.

DURABILIDADE DAS RELAÇÕES. A perspectiva de que uma relação seja mais ou menos duradoura interfere diretamente no desenvolvimento da confiança e, portanto, na parceria. Negociações rápidas, caracterizadas para situações de curta duração, não estimulam os esforços necessários para a parceria a que nos referimos, tampouco dão o tempo necessário para o amadurecimento da confiança. Numa relação cuja perspectiva é de longa duração, como no casamento, por exemplo, não só existe o interesse, mas também o esforço para o desenvolvimento da confiança e, em decorrência, da parceria, da aliança.

Aprendizagem em conjunto. Os tempos de escola que o digam! De modo geral, as pessoas custam a admitir a sua ignorância, o que gera certa apreensão e uma tensão diante da idéia de um relacionamento mais próximo. Quando aceitamos naturalmente que não podemos dominar indistintamente todos os assuntos, que existem pessoas que conhecem certas coisas melhor do que nós e que a necessidade de aprender algo novo é positiva e oferece a oportunidade de crescimento, automaticamente aliviamos essa tensão, ganhamos em confiança e espírito de cooperação com aqueles que nos acompanham.

Poderíamos resumir estes conceitos na seguinte matriz:

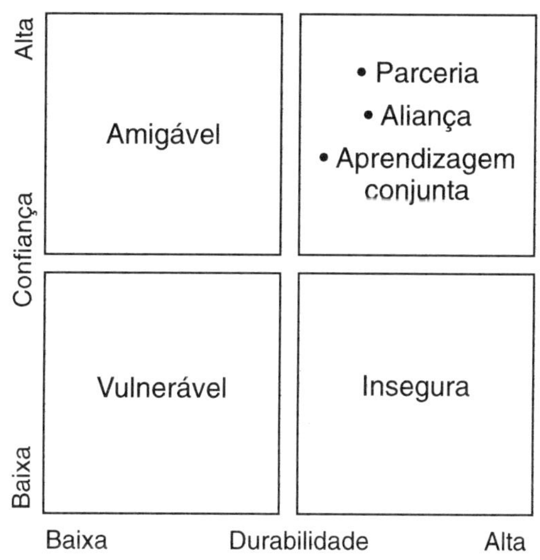

Fig. 20 - Matriz das relações

3.8.1. Trabalho em equipe

Como já vimos anteriormente, vivemos na era da competitividade e da individualidade. As organizações alimentam a realização pessoal através da competição. Dessa maneira, como fazer com que indivíduos extremamente competitivos – como são os negociadores e vendedores – trabalhem em equipe? Como fazer um indivíduo que passa a maior parte do seu tempo distante de seu grupo de colaboradores – caso típico de vendedores externos – se sentir parte da equipe, identificar a relação de interdependência e confiar nela?

Para responder a estas questões e superá-las, apresento a seguir uma coleção de dez indicações relativas à competência profissional de trabalho em equipe; ou seja, para trabalhar, desfrutar e obter resultados em equipe, o indivíduo precisa:

1. Saber dialogar de maneira aberta, fundamentada e com atitude respeitosa;
2. Considerar as idéias e as propostas apresentadas pelos outros membros da equipe;
3. Cooperar e compartilhar responsabilidades e decisões;
4. Aceitar as diferenças e saber aproveitá-las para o crescimento próprio e dos demais;
5. Saber lidar com conflitos; superar e resolver conflitos;
6. Identificar e aproveitar as oportunidades de sinergia, quando as energias coletivas se harmonizam e as capacidades e os resultados se potencializam;

7. Identificar e estar apto a aproveitar a complementaridade de habilidades;
8. Desenvolver compromisso e sentimento de orgulho e pertença;
9. Reconhecer a participação e os resultados dos demais;
10. Praticar e estimular a prática dos Três Mosqueteiros: "Um por todos e todos por um".

3.9. Flexibilidade e gestão de mudanças

As mudanças são os motores do desenvolvimento. Nada cresce ou progride sem mudar, ninguém pode escapar das mudanças! Se essa é uma condição inerente à vida, o jeito é aprender a lidar com as mudanças e, na medida do possível, gerenciá-las. Isso requer conhecimento, planejamento e uma boa dose de flexibilidade e adaptabilidade para que se possa assimilar e aproveitar o novo.

Primeiramente é necessário conhecer a morfologia da mudança, que pode ser classificada de duas maneiras: a evolutiva e a revolucionária. A evolutiva, também conhecida como processo incremental, é aquela que ocorre sem a alteração de seu paradigma fundamental, a mudança é progressiva dentro de um mesmo conjunto de referências. A mudança revolucionária se inicia através do surgimento de um novo paradigma, de um novo conjunto de referências e, na seqüência, promove o início do novo estágio evolutivo.

Podemos representar graficamente este conceito da seguinte maneira:

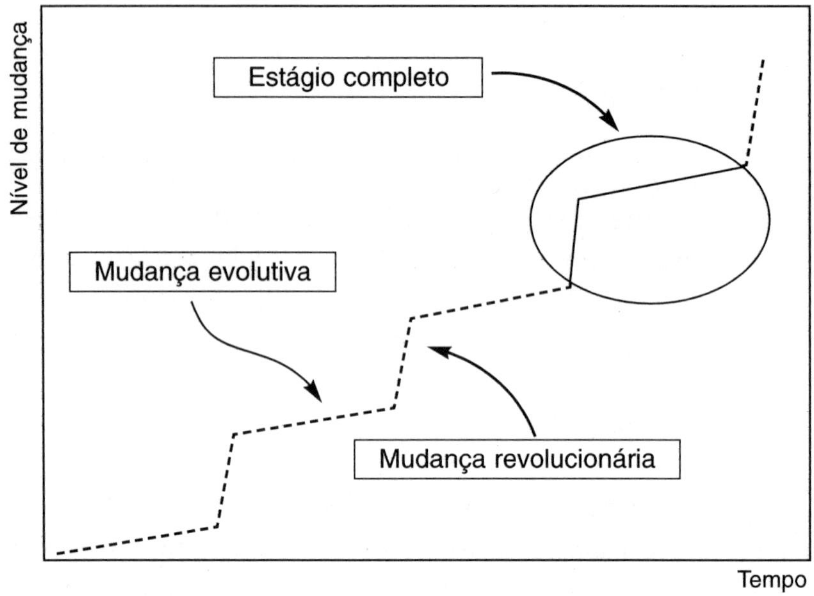

Fig. 21 - Morfologia das mudanças

É importante considerar que as mudanças progressivas são praticamente naturais, ao passo que as mudanças de paradigmas apresentam um maior custo energético para ocorrer e têm a probabilidade de gerar descômodo entre os envolvidos, mesmo que representem um processo intencional.

A idéia de que é possível gerenciar uma mudança depende de cinco ingredientes fundamentais:

1. Visão - ou seja, objetivos, cenários e intenção, além de todo o esclarecimento necessário sobre o processo;

2. Competência - fundamentalmente de proatividade, liderança, flexibilidade e comunicação;

3. Motivação - particularmente aquela gerada pelo comprometimento das pessoas-chave;

4. Recursos - como equipamentos, ferramentas, informações e disponibilidade; e

5. Planejamento - que servirá como guia do processo, apesar de possíveis surpresas, que poderão ser superadas pela flexibilidade e formulação de cenários, caminhos e processos alternativos.

3.10. Autodesenvolvimento

Para os evolucionistas, o simples fato de existir já implica desenvolvimento. As experiências que vivemos, repetidas ou não, sempre acrescentam saber a nossas vidas. Ocorre que podemos ter posturas diferentes diante dessa questão: a) apenas viver e vez por outra nos surpreender ao notar alguma evolução (isto é muito comum quando encontramos velhos amigos de escola que ficamos muito tempo sem ver; podemos ficar admirados com as diferenças); b) viver a vida e observar constantemente os resultados de nossa evolução (significa crescer e perceber o crescimento, porém de um modo passivo); c) querer e buscar o próprio desenvolvimento, planejar, acompanhar e avaliar oportunidades para crescer (nesse caso, não raramente o processo se inverte, ou seja, somos autores das nossas experiências), esta opção significa competência, promoção, prática e cuidado com o autodesenvolvimento.

Em outras palavras, podemos definir autodesenvolvimento como a busca constante de atualização e aperfeiçoamento objetivando a concretização de um plano individual que conduza ao crescimento, à ampliação da capacidade moral e intelectual e ao progresso sustentado da carreira profissional e da vida pessoal.

Desnecessário dizer que esta é uma competência essencial para um bom negociador ou vendedor. O que se pode questionar é:

Como gerar autodesenvolvimento na prática?

Bem, o fato de ler este livro com atenção até este ponto, em que ele se aproxima do final, já é uma atitude proativa de autodesenvolvimento. O próximo passo seria montar um programa com prazos e metas para:

a) Confirmar a absorção dos conceitos;

b) Praticar as recomendações apresentadas; e

c) Avaliar a nova conduta.

Para atuação específica em negociação e venda, o próximo (e último) capítulo deste livro faz referência a perfis de comportamento e a padrões de competências considerados modelos que podem servir como metas de um programa pessoal de autodesenvolvimento.

Reflexões sobre o caso

Outra vez, recomendamos retomar o estudo de caso inicial e utilizar a experiência dos personagens para melhor compreensão e absorção dos conceitos apresentados.

Para isso, montaremos uma tabela na qual constam as dez práticas essenciais e sugerimos que você atribua uma nota de zero a dez para cada competência percebida no caso. A partir disso, você deve tentar explicar melhor o resultado de cada um deles.

Vale observar que algumas práticas podem não estar contempladas no texto. Por isso, damos as seguintes sugestões:

- Observação de falta de competência ou prática indevida, nota na direção de zero;
- Boa prática percebida, nota na direção de dez;
- As práticas não contempladas pelo texto não devem ser avaliadas;
- Fazer uma média ponderada entre as práticas avaliadas; e
- Fazer a análise final para a interpretação dos resultados.

Tabela

Competências	Notas para o Gustavo	Notas para o Dácio
1. Pesquisa		
2. Planejamento		
3. Organização		
4. Comunicação		
5. Confiança		
6. Equilíbrio		
7. Liderança situacional		
8. Parceria/equipe		
9. Flexibilidade/mudanças		
10. Autodesenvolvimento		
Médias:		

Comentários: ______________________________

4. INFERÊNCIAS

Bem, chegamos ao final deste livro! É bastante provável que ele tenha esclarecido muito sobre o caso apresentado no início e seus respectivos personagens, bem como respondido às perguntas formuladas tanto no caso quanto no decorrer de seu texto. É também provável que, por analogia, ele tenha elucidado questões práticas dos leitores que não foram explicitadas no texto, mas se encontravam latentes. Por outro lado — e esta foi a minha verdadeira intenção —, é bem possível que o texto tenha suscitado outras novas perguntas, como por exemplo: No final das contas, qual é o perfil ideal de um bom negociador e/ou um bom vendedor? Além das dez competências apresentadas anteriormente, que outras qualidades devem ser desenvolvidas?

É justamente para responder a essas duas questões que abrimos este quarto capítulo. Porém, o intitulamos "Inferências" porque, principalmente na primeira questão, podemos "inferir" um perfil ou prática ideal, mas não podemos afirmar que não existam outros modelos ou perfis de comportamento igualmente eficazes para a tarefa de negociar ou vender.

4.1. Perfil de um bom negociador/vendedor

4.1.1. Quanto aos valores intrínsecos e extrínsecos

Na vida prática, pode-se observar a existência de duas correntes opostas de profissionais de negociação e venda quanto à empatia. Uns tendem a praticar empatia com a própria instituição que representam; outros, com seus públicos-alvos ou clientes.

No primeiro caso, a grande habilidade que se nota é a de comunicar bem o "valor" da instituição, sua natureza, seus produtos ou serviços. Quando o profissional se apega a essa conduta e exacerba suas práticas, parece que se posiciona contrário aos seus interlocutores ou clientes. Independentemente das expectativas externas, este profissional defende que a melhor solução é a que ele já tem.

No outro extremo, a principal habilidade é a de identificar as necessidades, expectativas e desejos dos clientes. A exacerbação dessa prática fixa a posição do profissional ao lado do cliente de maneira a considerar que a instituição que representa deve atender incondicionalmente a qualquer demanda. Essa é uma posição muito cômoda que alguns vendedores adotam: vamos fazer tudo o que o cliente pedir, conceder tudo o que for solicitado no sentido de facilitar a venda. Seguramente essa atitude pode conduzir a grandes perdas e à distorção do ideal de relação comercial; o cliente deve conhecer e aceitar os limites de uma negociação que seja proveitosa para ambos os lados.

Sem dúvida nenhuma, a combinação equilibrada das duas habilidades representa a conduta profissional ideal. Se o negociador ou vendedor souber comunicar bem o valor da instituição e seus produtos ou serviços, bem como identificar bem as necessidades, expectativas e desejos dos seus interlocutores e clientes, ele encontrará o ponto ideal de convergência para atender aos interesses de ambas as partes, conseguirá obter a satisfação mútua, condição popularmente conhecida como "ganhar-ganhar" e conduzir a relação para uma condição ideal tanto do ponto de vista da confiança como da perenidade (fidelização).

A representação gráfica desse conceito é a seguinte:

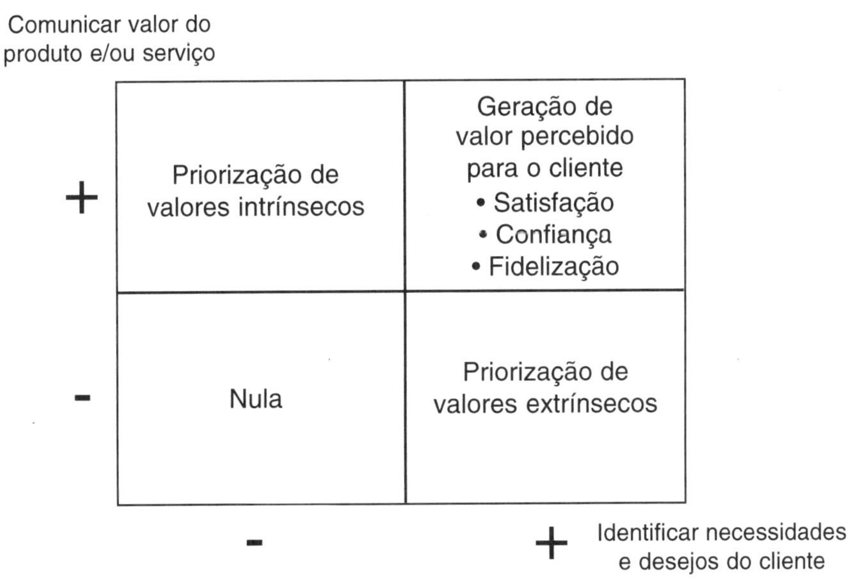

Fig. 22 - Equilíbrio de valores

4.1.2. Quanto ao estilo e perfil de comportamento

Vamos retornar ao capítulo 2, item 2.1.2: Estilos de comportamento. A primeira coisa que devemos lembrar é que uma pessoa não apresenta somente um estilo, mas pode apresentar ênfase em um ou mais estilos. A bem da verdade, todos os estilos contêm atributos importantes para a construção de um perfil exitoso de um profissional de negociação e venda. Vejamos:

- **Estilo diretivo:** dinamismo, motivação e transparência são exemplos de atributos importantes;
- **Estilo comunicativo:** espontaneidade, persuasão e criatividade contribuem muito para o sucesso de uma negociação ou venda;
- **Estilo sistemático:** organização, capacidade de análise e idealismo são fundamentais; e
- **Estilo diplomático:** paciência, equilíbrio e compreensão são os atributos destacados.

Se quisermos elaborar um teste pessoal que avalie a conjugação dessas qualidades, podemos simplesmente atribuir uma nota de "0" a "10" para cada um dos atributos e, na seqüência, calcular a média aritmética entre essas notas. Dessa avaliação podemos estabelecer duas metas importantes: 1ª) alcançar uma média mais elevada num determinado prazo a ser previamente estabelecido; e 2ª) priorizar uma maior mudança inicial de conduta naqueles atributos que estiverem com a sua avaliação abaixo da média.

Por exemplo:

Estilo	Qualidades	Avaliação (Ex:)
Diretivo	Dinamismo	9,0
	Motivação	9,0
	Transparência	7,0
Comunicativo	Espontaneidade	7,0
	Persuasão	6,0
	Criatividade	6,0
Sistemático	Organização	8,0
	Análise	8,0
	Idealismo	7,0
Diplomático	Paciência	5,0
	Equilíbrio	6,0
	Compreensão	7,0
	Média	**7,08**

Analisando um pouco a avaliação apresentada no exemplo, podemos deduzir tratar-se de uma pessoa mais para racional que emocional, que equilibra as características de extroversão e introversão, apresentando um possível quadro de estresse. Conforme a sugestão do exercício, a primeira meta dessa pessoa poderia ser elevar a média da avaliação para 8,0 em seis meses e as prioridades de mudança seriam: paciência, persuasão, criatividade e equilíbrio.

Trabalhando ainda com o capítulo do autoconhecimento, vamos analisar a questão do perfil de comportamento propriamente dito. Para isso, lançamos a pergunta: considerando todos os atributos com os quais trabalhamos até aqui, qual seria a medida indicada de cada estilo para compor o perfil ideal do negociador/vendedor de sucesso? Para essa questão temos duas respostas; e, como estamos nos referindo a seres humanos, nenhuma delas é exata.

A primeira resposta tem a ver com um perfil que imaginamos como ideal, pelo qual o bom profissional de negociação e venda deveria ter a maior ênfase no estilo COMUNICATIVO (para "abrir" negócios), em segundo lugar no estilo DIRETIVO (para "fechar" negócios), em terceiro no SISTEMÁTICO (sua "veia" de organização) próximo ao DIPLOMÁTICO (atenção e suporte), que estaria em quarto lugar. É quase como se esta composição acompanhasse o processo de negociação ou de venda.

A segunda resposta está inteiramente ligada à prática, à vida real. Tomamos os resultados de testes e avaliações que fizemos em cerca de 200 profissionais entre executivos, negociadores e vendedores de dez empresas diferentes que participaram de programas de treinamento conduzidos pela nossa consultoria nos últimos cinco anos (de 2001 a 2005). Todos esses parceiros apresentam históricos comprovados de resultados profissionais muito positivos em relação a produtividade, rentabilidade, superação de metas e fidelização. Na seqüência vamos mostrar um gráfico consolidado dos perfis desses profissionais e sua respectiva análise. Vale observar que se trata de um perfil coincidente ao ideal que imaginamos no parágrafo anterior, o que de certa forma confirma a indicação que fazemos àqueles que pretendem se desenvolver nessa direção.

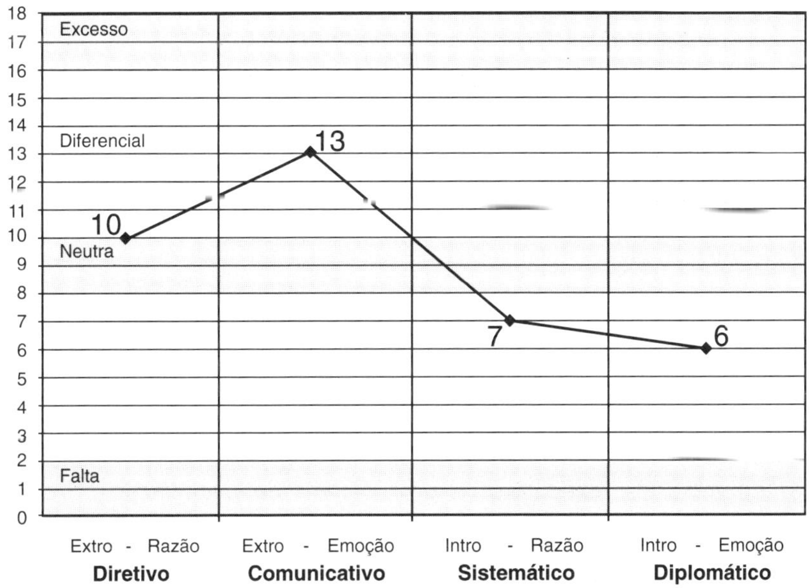

Fig. 23 - Perfil negociador / vendedor

A análise do gráfico aponta as seguintes interpretações:

- Nenhum dos estilos está em nível de excesso ou de falta;

- Nenhum dos estilos se encontra "dentro" dos limites da zona neutra, apenas um deles está próximo ao limite. Vale observar que não existe nenhum problema de se encontrar um estilo na zona neutra. Consideramos necessário revisar o teste quando três ou quatro estilos estiverem nessa situação, promovendo a "aproximação por igualdade" (ítem 2.1.3, fig. 7);

- O perfil é claramente extrovertido (23 pontos contra 13);

- Já na comparação entre emoção e razão, a diferença é bem menor (19 contra 17), o que confirma que o diferencial desse perfil não se encontra nesse eixo; e
- A classificação pelos níveis corresponde ao perfil que consideramos o ideal, ou seja, 1° lugar: comunicativo; 2° lugar: diretivo; 3° lugar, sistemático: e, 4° lugar: diplomático.

4.1.3. Pesquisa aberta

Como foi comentado no início do livro, em uma pesquisa aberta, empresários, executivos e profissionais de negociação e venda definiram o perfil do melhor vendedor que conheciam, citando suas principais qualidades. O resultado foi apresentado na Introdução por ordem de classificação baseada no número de citações desses atributos pelas pessoas que participaram da pesquisa, o que, por si só, já representa uma recomendação aos profissionais.

Para facilitar a reflexão, o autoconhecimento, a revisão e o plano de desenvolvimento do leitor interessado, montamos um glossário das qualidades citadas; desta vez, em ordem alfabética. Nesse glossário, os significados dos termos foram escolhidos de acordo com a especificidade do tema do livro e, no caso de duplicidade de sentido, foi escolhido o caráter construtivo das definições (o termo audácia, por exemplo, pode ter conotação positiva ou negativa, mas optamos por trabalhar com a conotação positiva).

As principais qualidades de um bom negociador/vendedor:

Atributos	Conceito específico para negociação e venda
Amabilidade	Gentileza, cortesia, fineza. Disposição para atender bem e prestar favor.
Apresentabilidade	Boa aparência pessoal relativa à atividade. Geralmente corresponde a uma apresentação entre funcional e clássica, de expressão discreta.
Atenção	O mesmo que amabilidade (no sentido de atencioso): cuidado, zelo, dedicação. Também integra a idéia de concentração e vigília que sustentam a percepção.
Atualização	Constante busca de informações renovadas e de aperfeiçoamento. (vide item 3.10 deste livro)
Audácia	Em nosso contexto, significa coragem, arrojo, aceitação de desafios.
Audiência	Saber ouvir, oferecer atenção através da escuta ativa e respeitosa.
Carisma	Habilidade de encantamento, fascínio e sedução, que promove aceitação e simpatia.
Clareza	Limpidez, transparência e inteligibilidade no processo de comunicação. Considera o perfil e a cultura do interlocutor para, a partir daí, promover percepção e compreensão.
Compreensão	Entendimento de significados a partir da percepção. Implica "colocar-se no lugar do outro" (empatia). Também pode representar indulgência (aceitação ou tolerância) das características ou dificuldades alheias.

Atributos	Conceito específico para negociação e venda
Comprometimento	Compromisso ou promessa formal. Envolvimento afetivo e situacional. Obrigação de participar.
Comunicabilidade	Habilidade, facilidade de se fazer entender. Utilização eficaz de recursos variados de comunicação: retórica, canais, técnicas etc. (item 3.4 deste livro)
Confiabilidade	Coerência entre o discurso e a prática, entre princípios e comportamentos. Liga-se às idéias de honestidade, ética e competência. (item 3.5 deste livro)
Conhecimento	Conjunto de informações interpretadas, carregadas de sentido e experimentadas que, agregadas de valor e juízo, resultam em sabedoria! (conforme item 1.3 deste livro. Aquisição de conhecimento no item 3.1 - Pesquisa)
Criatividade	Capacidade de criar, inteligência e talento para inovar, inventividade.
Curiosidade	Vontade de saber. Interesse e desejo de conhecer alguma coisa geralmente nova. Também pode representar características novas ou inesperadas dentro do processo de negociação/venda.
Desprendimento	Abnegação, altruísmo e desapego. Também pode ser entendido como generosidade, modéstia e, em alguns casos, como renúncia.
Determinação	Resolução, deliberação, disposição, firmeza e persistência. Clareza de propósitos, foco no objetivo.

Atributos	Conceito específico para negociação e venda
Dinamismo	Energia, vitalidade, ânimo, força, poder de ação.
Disponibilidade	Estar interessado em participar e aberto para receber novas idéias e influências externas.
Diversidade	Aceitar diferenças, variedade e multiplicidade de culturas, opiniões, conceitos e alternativas.
Educação	Polidez, gentileza, cortesia e prudência.
Empatia	Colocar-se no lugar do outro. Capacidade de se identificar com outra pessoa, de sentir, querer e aprender como ela.
Empreendimento	Ter iniciativa e responsabilidade para realizar projetos e negócios.
Firmeza	O mesmo que determinação. Também pode significar segurança, consistência, estabilidade e solidez.
Flexibilidade	Aceitação de mudanças, compreensão e docilidade, capacidade de realizar diversas coisas diferentes. (item 3.9 do livro)
Honestidade	Que inspira e merece confiança. Decente, moral. Ser, sentir e contar sem medo ou vergonha aquilo em que acredita, coragem de assumir mudanças.
Humildade	Consciência das próprias limitações e respeito pelas competências alheias.
Humor positivo	Estado de espírito, disposição ou temperamento voltado para o lado positivo das coisas e/ou com certa graça.

Atributos	Conceito específico para negociação e venda
Inteligência	Capacidade de compreender a natureza das coisas e o significado dos fatos; de perceber, aprender e realizar as coisas e resolver problemas.
Liderança	Influir sobre o pensamento e o comportamento de outras pessoas. (ver item 3.7 deste livro)
Motivação	Forças que estimulam a agir; são os motivos e as necessidades; são os processos que dão ao comportamento uma direção determinada e uma forma de desenvolvimento própria da individualidade.
Objetividade	Que é rápido, direto e imparcial.
Oportunidade	Ocasião, situação ou circunstância favorável à realização de algo.
Organização	Meios ou ações racionais dispostos e estruturados de acordo com um princípio útil, agradável ou harmonioso para funcionar e alcançar determinado fim. (vide item 3.3 deste livro)
Ousadia	O mesmo que audácia, ou seja, coragem, arrojo, aceitação de desafios.
Paciência	Capacidade de suportar dissabores e persistir mesmo diante de certas dificuldades. Também pode significar "equilíbrio". (item 3.6 deste livro)
Parceria	Relação durável, baseada em confiança, que permite aprendizagem e realização em conjunto. (vide item 3.8 deste livro)

Atributos	Conceito específico para negociação e venda
Persistência	Obstinação, constância, perseverança, insistência e resistência.
Persuasão	Convicção própria que convence também aos outros, que mostra conveniência e necessidade, que conduz a uma solução satisfatória.
Planejamento	Processo contínuo, dinâmico e flexível que analisa e avalia situações, ambientes e contextos; antecipa objetivos e resultados esperados e propõe um roteiro de procedimentos coerentes para alcançar ou superar esses resultados. (item 3.2 deste livro)
Responsabilidade	Assumir e responder pelas próprias ações ou por ações dos outros independentemente de gostar, aprovar ou concordar com elas.
Segurança	Convicção fundada em firmeza, determinação, consistência e solidez.
Simpatia	Afinidade espontânea no sentir e no pensar que aproxima as pessoas.
Visão	Formulação de objetivos contextualizados em panoramas e cenários antecipados que simulam possíveis situações futuras e consideram carga intencional do planejador. (vide item 3.2.3 deste livro).
Vocação	Propensão, tendência, aptidão ou disposição natural e espontânea para uma atividade ou profissão.

4.2. Bibliografia consultada e sugerida

ACKOFF, R. L. *Planejamento Empresarial*. Rio de Janeiro: Livros Técnicos e Científicos, 1978.

ADIZES, I. *Os Ciclos de Vida das Organizações: como e porque as empresas crescem e morrem e o que fazer a respeito*. São Paulo: Pioneira Thomson Learning, 2002.

ANSOFF, H. I. *Estratégia Empresarial*. São Paulo: McGraw-Hill, 1977.

________. *A Nova Estratégia Empresarial*. São Paulo: Atlas, 1990.

ARANTES, N. *Sistemas de Gestão Empresarial: conceitos permanentes na administração de empresas válidas*. São Paulo: Atlas, 1994.

ARISTÓTELES, *Poética, Organon, Política e A Constituição de Atenas*. São Paulo: Abril Cultural, 1999 [Os pensadores].

________. *Ética a Nicômaco*. São Paulo: Martin Claret, 2001.

BIRMAN, J. *Freud e a Filosofia*. Rio de Janeiro: Jorge Zahar Ed., 2003.

BOOG, G. *O Desafio da Competência*. São Paulo: Best Seller, 1991.

COLLINSON, D. *50 Grandes Filósofos*. 2ª Ed. São Paulo: Contexto, 2004.

CALVINO, I. *Seis Propostas para o Próximo Milênio*. São Paulo: Companhia das Letras, 1990.

CARVALHO, H. M. *Introdução à Teoria do Planejamento*. 3ª Ed. São Paulo: Brasiliense, 1979.

COMTE-SPONVILLE, A. *Pequeno Tratado das Grandes Virtudes*. São Paulo: Martins Fontes, 1995.

CORTELLA, M. S. & DE LA TAILLE, Y. *Nos Labirintos da Moral*. Campinas: Papirus, 2005.

COVEY, S. R. *Liderança Baseada em Princípios*. Rio de Janeiro: Campus, 1994.

DELEUZE, G. & GUATTARI, F. *Mil Platôs - capitalismo e esquizofrenia*, vol. 3. Rio de Janeiro: Ed. 34, 1996.

DEMARAIS, A. & WHITE, V. *A Primeira Impressão é a que Fica*. Rio de Janeiro: Sextante, 2005.

DIAS, J. M. *"Planejamento Organizacional: conceitos e tendências." In: Vasconcellos F°, P. et alii. Planejamento Empresarial: teoria e prática: leituras selecionadas*. Rio de Janeiro: Livros Técnicos e Científicos, 1982.

FISHER, R., URY, W & PATTON, B. *Como Chegar ao Sim: a negociação de acordos sem concessões*. Rio de Janeiro: Imago, 1994.

FORBES, J. *Você Quer o que Deseja?* São Paulo: Best Seller, 2003.

GARCIA-ROZA, L. A. *Introdução à Metapsicologia Freudiana. Vols. I, II e III*. Rio de Janeiro: Jorge Zahar Ed., 2004.

________. *Palavra e Verdade na Filosofia Antiga e na Psicanálise*. Rio de Janeiro: Jorge Zahar Ed., 2001.

GARRETT, A. & DIAS, F. L. *Grandes Idéias, Líderes Especiais, Empresas Vitoriosas: o ato de gerenciar pessoas com sucesso*. São Paulo: Gente, 2003.

GIL, A. C. *Como Elaborar Projetos de Pesquisa*. São Paulo: Atlas, 1991.

________. *Métodos e Técnicas de Pesquisa Social*. São Paulo: Atlas, 1991.

GILES, T. N. *Introdução à Filosofia*. São Paulo: EPU/Edusp, 1979.

GOLDGRUB, F. W. *A Máquina do Fantasma: Aquisição de Linguagem & Constituição do Sujeito*. Piracicaba: Editora UNIMEP, 2001.

GOLDMANN, H. M. *Estratégias Inovadoras de Vendas: como conquistar e manter clientes em mercados competitivos*. Rio de Janeiro: Ediouro, 1997.

GOLEMAN, D., KAUFMAN, P. & RAY, M. *O Espírito Criativo*. São Paulo: Cultrix, 2001.

GREENBERG, H., WEINSTEIN, H. & SWEENEY, P. *As 5 Qualidades do Supervendedor: Como contratar e desenvolver campeões de vendas*. Rio de Janeiro: Campus, 2002.

GRIFFIN, J. *Como Conquistar e Manter o Cliente Fiel*. São Paulo: Futura, 1998.

GUATTARI, F. *As Três Ecologias*. Campinas: Papirus, 1993.

HERSEY, P., BLANCHARD, K. H. & JOHNSON, D. E. *Management of Organizational Behavior*. Upper Saddle River: Prentice Hall, 2001.

HERZBERG, F., MAUSNER, B. & SNYDERMAN, B. B. *The Motivation to Work*. New York: Transaction, 1993.

HOUAISS, A. *Dicionário Eletrônico Houaiss da Língua Portuguesa*. São Paulo: Objetiva, 2001.

JUNG, C. G. *Tipos Psicológicos*. Rio de Janeiro: Jorge Zahar Ed., 1980.

KALISH, K. *Como Fazer Apresentações Espetaculares*. Rio de Janeiro: Campus, 2000.

KEIRSEY, D. & BATES, M. *Please Understand Me*. Amherst: Prometheus, 1998.

KOTLER, P. *Administração de Marketing: A edição do novo milênio.* São Paulo: Prentice Hall, 2000.

KUNSCH, M. M. K. *Planejamento de Relações Públicas na Comunicação Integrada.* São Paulo: Summus, 1986.

LAPLANCHE, J. & PONTALIS, J. B. *Vocabulário da Psicanálise.* São Paulo: Martins Fontes, 2001.

MARCONDES, D. *Introdução à História da Filosofia: dos pré-socráticos a Wittgenstein.* Rio de Janeiro: Jorge Zahar Ed., 2001.

MARSTON, W. M. *Emotions of Normal People.* London: Taylor & Francis, 1999.

MASLOW, A. *Introdução à Psicologia do Ser.* Rio de Janeiro: Eldorado, s/d.

MATTAR, F. N. *Pesquisa de Marketing.* São Paulo: Atlas, 2001.

McGREGOR, D. *O Lado Humano da Empresa.* São Paulo: Martins Fontes, 1996.

MENEGHETTI, A. *A Psicologia do Líder.* Porto Alegre: ABO, 1996.

MORENTE, M. G. *Fundamentos de Filosofia.* São Paulo: Editora Mestre Jou, 1976.

MYERS, I. B & MYERS, P. *Ser Humano e Ser Diferente.* São Paulo: Gente, 1997.

NASIO, J.- D. *Introdução às Obras de Freud, Ferenczi, Groddeck, Klein, Winnicott, Dolto, Lacan.* Rio de Janeiro: Jorge Zahar Ed., 1995.

________. *O Prazer de Ler Freud.* Rio de Janeiro: Jorge Zahar Ed., 1999.

PEREIRA, M. J. B. *Mudança nas Instituições*. São Paulo: Nobel, 1988.

PERRENOUD, P. *et alii*. *As Competências para Ensinar nos Século XXI*. Porto Alegre: Artmed, 2002.

ROBBINS, S. P. *Comportamento Organizacional*. São Paulo: Prentice Hall, 2002.

SOUNDVIEW EDITORIAL STAFF, *Skills for Success: the experts show the way*. Middlebury: Soundview, 1989.

SAUSSURE, F. *Curso de Lingüística Geral*. São Paulo: Cultrix, 2003.

TROMPENAARS, F. *Nas Ondas da Cultura*. São Paulo: Educator, 1994.

TROUT, J. & RIVKIN, S. *O Novo Posicionamento*. São Paulo: Makron Books, 1996.

ULRICH, D., ZENGER, J. & SMALWOOD, N. *Liderança Orientada para Resultados: como líderes constroem empresas e aumentam a lucratividade*. Rio de Janeiro: Campus, 2000.

WIERSEMA, F. *Intimidade com o Cliente: um compromisso com os resultados dos seus clientes*. Rio de Janeiro: Campus, 1996.

XENOFONTE. *Xenophon: Scripta Minora*. Cambridge/London: Harvard University Press, 1999. [Loeb Classical Library]

ZACARELLI, S. B. *Estratégia e Sucesso nas Empresas*. São Paulo: Saraiva, 2000.

ZIMERMAN, D. E. *Manual de Técnica Psicanalítica: uma revisão*. Porto Alegre: Artmed, 2004.

Direção editorial
MIRIAN PAGLIA COSTA

Direção da Coleção Gestão & Pessoas
ALEXANDRE GARRETT

Coordenação de produção
HELENA MARIA ALVES

Capa
ANDRÉ PAIVA

Preparação de texto
LENA CERQUEIRA

Revisão de provas
CRISTINA RAMALHO
RITA DE SOUSA

Projeto gráfico e editoração eletrônica
SIMONI FERRARA

Filmes
JOIN BUREAU

Impressão e acabamento
ASSAHI

Impresso no Brasil
Printed in Brazil

Formato	*16 x 23 cm*
Mancha	*11,5 x 18 cm*
Tipologia	*Trebuchet MS*
Papel	*Cartão Supremo 250 g/m2 (capa)*
	Chamois Fine 80 g/m2 (miolo)
Páginas	*168*